실전풍수, 한국의 횡룡입수혈

실전풍수,
한국의
횡룡입수혈

허영훈 지음

머리말

　횡룡입수는 용이 진행하다가 90도로 방향 전환하여 혈로 들어가는 것을 말한다. 그동안 풍수 답산 경험에 의하면 횡룡입수로 결혈되는 혈자리는 전국에 10여 개밖에 되지 않을 정도로 희박하게 나타난다. 물론 용맥이 90도 정도 꺾어져 입수하는 혈자리는 많지만 진정한 의미의 횡룡입수혈이 그렇다는 것이다. 횡룡입수혈은 나무에 비유하자면 줄기의 측면에 열매가 맺거나 꽃이 핀 경우다. 자연의 변화가 천변만화하다 보니 산줄기 측면에서도 이렇게 특이한 혈자리도 생긴다. 횡룡입수혈은 일반적 자연의 질서라기보다는 약간 예외적인 형태로 바라보고 있다. 그만큼 횡룡입수혈이 귀하기 때문이다

　우리나라 풍수계에서 자주 다투고 있는 논쟁 중의 하나가 바로 횡룡입수혈이다. 용맥이 진행하다가 90도 방향 전환하여 결혈하면 무조건 횡룡입수혈로 여기고 있다. 즉, 횡룡으로 낙맥하여 결혈되

면 꺾여진 지점으로부터의 거리라든지 지기가 혈로 들어가는 입혈 원리 등을 고려하지 않고 일률적으로 횡룡입수혈로 단정해 버리는 것으로 생각한다. 그리고 횡룡입수혈이 결혈되는 지형적인 위치나 결혈조건에 대해서도 의견이 통일되어 있지 않다. 실제 횡룡으로 낙맥하여 결지되는 혈은 그 위치에 따라 세 가지의 유형으로 나타나는데 동일하게 횡룡입수혈로 판단한다. 이는 횡룡입수혈에 대한 논리와 개념이 풍수 고전이나 풍수학계에서 명확하게 정립되어 있지 않기 때문으로 본다.

따라서 필자는 2018년 「횡룡입수의 유형별 결혈 특성 연구」라는 제목으로 동방문화대학원대학교 동양학연구소의 『동방문화와 사상 제5집』에 연구논문을 발표한 바 있다. 이 논문의 연구 목적은 현재 혼용하여 인식되고 있는 횡룡입수혈에 대한 결혈조건과 지기의 입혈원리를 분석하여 그 특징을 규명하는 동시에 횡룡입수혈의 개념을 정립하기 위해서였다. 횡룡입수혈의 유형별 형태를 분석한 결과 똑같이 횡룡으로 내려오는 입수룡이라도 지형적인 형태에 따라 결혈조건이나 지기의 입혈 원리가 다르게 나타났다. 이 논문 발표 이후에도 현장 답산을 통하여 횡룡으로 결혈된 자리를 추가로 몇 군데 더 발견하였는데 결혈조건이나 입혈 원리는 기존에 연구한 내용과 동일하게 나타나는 것으로 확인되었다. 그래서 해당 논문을 골격으로 하고 추가로 찾아낸 횡룡입수혈에 대한 풍수답산록을 포함해서 책으로 엮었다.

논문에서 미흡했던 부분을 수정 보완하였으며, 당초 논문에 제시되었던 분석 사례지 횡룡입수혈을 비롯하여 추가로 발견된 횡룡입수혈과 유사한 형태의 사례지도 소개하였다. 이렇게 하면 횡룡입수혈과 유사한 형태의 횡락룡에 대한 결혈조건이나 입혈 원리를 쉽게 분별할 수 있기 때문이다. 풍수 고전에 나와 있는 이론이 현장과 맞지 않으면 풍수 입문자로서는 혼란스러울 수밖에 없다. 그래서 철저하게 우리나라 땅을 그대로 보고 횡룡으로 진행하는 입수룡의 결혈조건이나 지기의 입혈 원리를 파헤쳐 보았다.

연구 결과에 따르면 횡룡으로 낙맥하여 내려온 용이 결혈되는 형태는 세 가지 유형으로 나타난다. 이 세 가지 횡룡입수혈의 유형별 결혈조건을 살펴보면, 기본적인 결혈조건 외에도 제1유형은 3가지, 제2유형은 8가지의 추가적인 결혈조건을 갖추어야 하고 제3유형은 일반적으로 진행하는 용맥과 동일한 결혈조건을 갖추고 있다는 결론이 도출되었다.

그리고 각 유형별 지기가 입혈되는 원리를 살펴보면, 제1유형의 경우 당배귀성이 혈 뒤에서 쳐줌으로써 지기가 입력되는 입혈 원리이며, 제2유형은 당배귀성과 '가는 쪽 귀사'의 힘으로 일정 거리를 내려오다 지기가 입력되는 입혈 원리이며, 제3유형은 당배귀성의 힘을 받지 않고 내룡맥 자체에서 지기가 입력되는 입혈 원리이다. 이러한 결혈조건과 지기의 입력 원리를 근거로 횡룡입수혈에 대하여 유형별로 용어를 붙여 보면 제1유형은 진정한 의미의 '횡룡입수', 제2유형은 '횡락섬룡입수', 제3유형은 '횡락직룡입수'

로 정리할 수 있다. 제2유형과 제3유형에서 '횡락'이라는 말을 붙인 것은 주룡맥에서 90도 정도 방향 전환을 하기 때문이며, 제2유형의 '섬룡'이라는 말은 도저히 혈이 결지될 지형이 아닌데도 불구하고 눈 깜짝할 사이에 결혈되기 때문이다.

　이와 같이 횡룡으로 내려와서 입수하는 혈은 유형별로 분명하게 구분되므로 알아두면 풍수답산이 한층 쉬워진다. 풍수답산의 기술은 다른 데 있는 것이 아니라 횡룡입수혈과 같은 희귀한 결혈처를 식별하는 데서부터 시작된다. 결국 풍수는 땅을 읽는 기술이 실력을 가늠한다. 문장에서 맥락을 파악하는 것이 중요한 만큼 풍수답산에 있어서도 산의 질서를 파악하는 것이 중요하다. 이 책이 횡룡입수혈의 개념을 확실히 이해하고 우리나라 지형에서 횡룡입수혈을 찾는데 필요한 안내서가 되었으면 한다.

2024년 4월
허영훈

목차 ——

머리말 ………………………………………… 4

제1장_ 서론 ………………………………………… 11

제2장_ 횡룡입수혈의 이론적 배경 ………………… 29

제3장_ 횡룡입수혈의 유형별 결혈 조건 분석 ……… 41

    횡룡입수혈 제1유형의 결혈 조건 분석 …………… 54
        1) 안동 오미리 민묘 ……………………………… 54
        2) 괴산 제월리 민묘 ……………………………… 58
        3) 김천 월곡리 민묘 ……………………………… 61
        4) 경주 박달리 민묘 ……………………………… 64

    횡룡입수혈 제2유형의 결혈 조건 분석 …………… 67
        1) 구미 상모동 민묘 ……………………………… 67
        2) 구미 송림리 민묘 ……………………………… 74
        3) 남양주 김번 묘 ………………………………… 77

횡룡입수혈 제3유형의 결혈 조건 분석 ·············· 81

제4장_ 횡룡입수혈의 유형별 결혈 특징 ············· 95

제5장_ 횡룡입수혈의 풍수답산록 ··············· 115

횡룡입수혈 제1유형의 풍수답산록 ··············· 126
  1) 순천 덕정리 민묘 ······················· 126
  2) 임실 삼길리 민묘 ······················· 132
  3) 성남 이경헌 묘 ························ 136
  4) 문경 봉정리 민묘 ······················· 140
  5) 예천 소화리 민묘 ······················· 144
  6) 예천 성평리 민묘 ······················· 148
  7) 예천 두천리 민묘 ······················· 152
  8) 무주 진도리 민묘 ······················· 156
  9) 의성 구산리 민묘 ······················· 161
  10) 합천 내천리 민묘 ······················ 164

횡룡입수혈 제2유형의 풍수답산록 ················ 167
  1) 청도 남양리 민묘 ······················ 167
  2) 파주 이명신 묘 ························ 171
  3) 김천 무안리 민묘 ······················ 175
  4) 여주 외평리 전원주택 ·················· 181
  5) 아산 윤보선 대통령 생가 ··············· 184
  6) 경주 교동 최부자집 ···················· 188
  7) 대전 송여익 묘 ························ 192

횡룡입수혈 제3유형의 풍수답산록 ················ 196
  1) 광주 맹사성 묘 ························ 196
  2) 상주 낙동리 민묘 ······················ 201
  3) 양평 이준경 묘 ························ 207

제6장_ 결론 ·· 211

참고문헌 ·· 219

제1장

서론

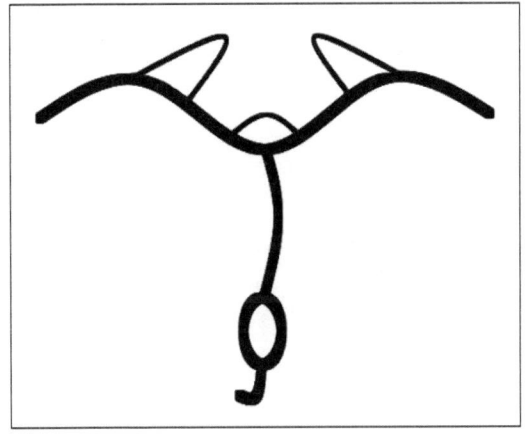

　입수(入首)란 내룡(來龍)이 혈(穴) 또는 국(局) 안에 들어가려고 하는 곳 또는 들어간 곳을 말한다.[1] 입수는 혈 뒤쪽에 약간 볼록하게 솟아난 부분으로 용과 혈을 이어주는 접점이다. 주산 또는 현무정으로부터 내려온 내룡맥이 혈로 입력되기 직전에 일단 정지하면서 취기점을 형성하는데, 이곳을 입수(入首) 또는 입수도두(入首到頭)라 한다. 용(龍)이 혈을 향해 머리를 밀고 들어간다는 의미로 입수라고 하며, 또한 혈의 머리에 입수룡(入首龍)이 도달하였다(到頭)는 의미를 합쳐서 입수도두(入首到頭)라 부른다.

　『인자수지(人子須知)』에서는 "천리내룡을 논할 것이 아니라 먼저 도두가 융결된 것을 보아야 한다. 그러므로 무릇 용의 아름다운 것과 추함, 또한 제반 용격을 관찰하는 데 있어 단지 입수로부터 혈

---

1) 무라야마지준(村山智順, 1931),『朝鮮의 風水』, 조선총독부, 15쪽.

후 2~3절 또는 4~5절 내의 소조산에 이르기까지가 매우 중요하다."[2]라고 하였다. 따라서 입수란 소조산 또는 현무정으로부터 혈장에 이르는 용맥이 된다. 즉 혈이 결지(結地)되는 최종단계에서 용맥과 혈을 연결해 주는 접속 부분이 있는데 이러한 혈 바로 뒤의 용맥을 입수 또는 입수룡이라 할 수 있다.

『인자수지』는 입수의 종류를 기본적으로 직룡, 횡룡, 회룡, 비룡, 잠룡 5격으로 나누고[3] 특히 이 입수 5격은 그 입수의 일절만을 기준으로 하여 말하고 있다.[4] 여기에 섬룡입수(閃龍入首) 1격을 추가하여 총 6가지 형태로 구분하고 있다. 이에 따라 우리나라 풍수학계에서도 입수 형태는 6가지로 구분하고 있는데 각 입수 형태에 대한 명확한 개념이 정립되어 있지 않다. 특히 횡룡입수(橫龍入首)의 경우 더욱 그렇다. 대수롭지 않게 여길 수 있으나 현장 답산을 자주 하다 보면 현장과 맞지 않는 경우를 자주 보게 된다.

예를 들면 잠룡입수(潛龍入首)는 용(龍)의 기운이 평지로 내려와 결혈(結穴)한 것인데, 잠룡입수라고 해야 할지 아니면 비룡입수(飛龍入首)라 해야 할지 그 구분이 다소 애매하다. 잠룡이라는 말 자체가 물속 또는 땅속에 숨어 있는 정적(靜的) 상태의 용이다. 용

---

2) 『人子須知』, 論龍入首」, "未論千里來龍 且看到頭融結 故觀龍之美惡 及諸般龍格 只於入首穴後 二三節四五節內 以至少祖山爲緊."

3) 『人子須知』, 論龍入首五格」, "龍之入首 其格有五 曰橫曰直曰回曰飛曰潛是也."

4) 『人子須知』, 論龍入首五格」, "此五格特擧 其入首一節言之."

이 진행하여 혈로 입수하려면 물속 또는 평지에서 결국 동적(動的) 상태의 비룡(飛龍)으로 올라갈 수밖에 없다. 잠룡입수는 엄밀히 따지면 '잠룡+비룡' 형태가 되어야 한다.

그렇다면 잠룡이라는 것은 용맥 자체가 정적인 상태이므로 지기가 혈로 들어간다는 동적인 의미의 입수 형태에 포함시켜야 할지 의문이 든다. 왜냐하면 입수 형태의 구분은 풍수 고전에 나와 있는 바와 같이 입수일절(入首一節)을 기준으로 판단해야 하기 때문이다. 필자도 처음 풍수를 배울 때는 무심코 지나쳤지만, 풍수 경험이 쌓이면서 이러한 용어들을 선택하고 정리할 필요성이 절실하다고 느꼈다.

『지리담자록(地理啖蔗錄)』에서는 "직룡이란 용이 꼭대기로부터 곧게 와서 내룡맥에 혈이 맺히는 것이다. 횡룡이란 용맥 옆으로 내려가 횡으로 혈이 맺히는 것이다. 회룡이라는 것은 몸을 돌려 역세(逆勢)를 취하므로 고조(顧祖)라 한다. 비룡이란 용이 높이 일어나 마치 날아오르면서 정상 부분에 혈이 맺힌 것으로 앙고혈이다. 잠룡이란 용맥이 평지로 떨어짐에 따라 논밭이나 강변의 틈에 자취를 감추는 것이다. 용의 입수는 단지 이 5격 뿐이다."[5]라고 하여

---

5) 『地理啖蔗錄』, 穴星篇, "直龍者 龍直來頂對來脈結穴也. 橫龍者 龍橫來橫結也. 回龍者 龍翻身逆勢曰而顧祖也. 飛龍者 龍高起如飛而結上聚仰高之穴也. 潛龍者 龍落平洋而潛踪于田疇湖渚之間也."

입수의 종류는 기본적으로 5가지이고 섬룡입수를 포함하게 되면 입수의 종류는 6가지가 된다.

입수룡(入首龍)은 방향성에 따라서 6격의 입수 방법은 3가지 유형으로 구분할 수 있다. 현장에서 볼 수 있는 용의 방향성은 아래와 같이 3가지로 나눌 수 있는데 첫째, 직룡(直龍), 둘째, 회룡(回龍), 셋째, 횡룡(橫龍)의 형태로 나타나게 된다.

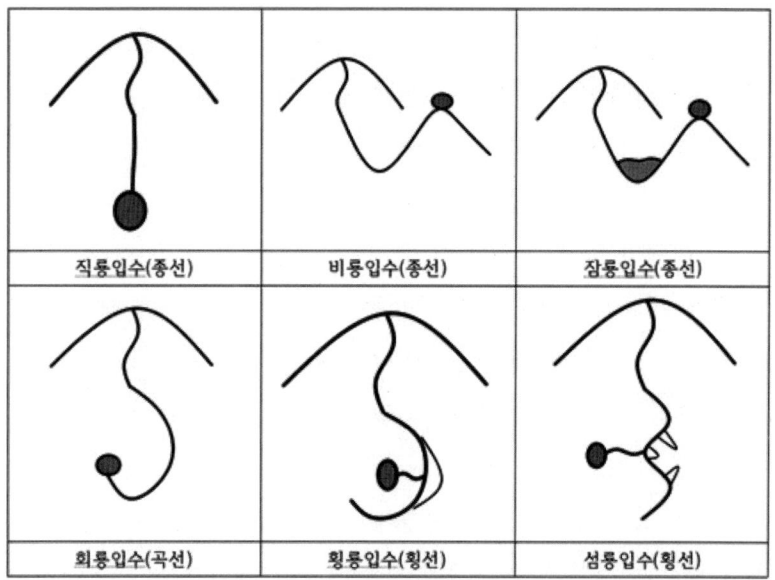

그림1. 용의 방향성에 따른 입수룡 형태

먼저 직룡은 종선(縱線) 또는 직선(直線)의 개념이다. 그러므로 입수 6격 중에서 직룡입수, 비룡입수, 잠룡입수가 이에 해당이 된다. 잠룡입수의 경우 입수룡의 종류에 포함시킬지 말지에 대한 논란이 있을 수 있으나 방향성에 있어서는 직룡으로 구분된다. 둘째, 회룡은 곡선(曲線)의 개념이다. 'C'자 형태로 빙 돌아서 곡맥(曲脈)으로 입수하는 회룡입수가 이에 해당이 된다. 셋째, 횡룡은 횡선(橫線)의 개념이다. 90도 방향 전환을 하여 결혈되는 횡룡입수와 섬룡입수가 이에 해당이 된다.

현장에서는 회룡입수와 횡룡입수는 일도양단식으로 선명하게 구분되지 않을 수도 있다. 회룡입수와 횡룡입수가 동시에 나타날 수 있기 때문이다.[6] 통상 'C'자형 곡맥(曲脈)으로 휘어지면서 입수하게 되면 회룡입수로 보고 있는데 회룡으로 진행함과 동시에 거의 90도로 틀어서 입수하는 때에는 횡룡입수로도 볼 수 있다.

위 그림 1의 하단부에 나와 있는 '회룡입수(곡선)'과 '횡룡입수(횡선)'의 입수룡 형태를 볼 때 지기(地氣)를 입력시키는 주체가 엄연히 다르다. 회룡입수가 용이 'C'자 형태로 빙글 돌아서 입수하는 형태라면 횡룡은 직룡으로 진행하다가 90도 방향을 틀어서 입수하는 원리이다. 그래서 회룡입수는 곡선의 형태지만 내룡맥(來龍脈)이 당배(撞背)가 되어 기운을 밀어주는 반면, 횡룡입수는 횡선의 개

---

6) 이재영(2022), 『대통령, 풍수 혈로 말하다』, 기록연, 135쪽.

념임에 따라 귀성(鬼星)이 당배가 되어 기운을 밀어주게 된다. 이처럼 등 뒤에서 혈로 지기를 입력시키는 주체가 무엇이냐에 따라 회룡입수와 횡룡입수의 구분이 가능하다. 자연은 무궁무진한 변화 때문에 입수 6격이 3가지 형태로만 각각 나타나는 것은 아니다. 하나의 혈자리를 두고서도 두 가지 형태가 복합적으로 나타나기도 한다.

아래의 그림은 회룡입수와 횡룡입수가 겹치는 경우이다. 회룡의 힘으로 시작하여 횡룡으로 마무리함으로써 결혈처를 만들고 있다. 답산 경험칙상 한 방향으로 계속 틀어지는 'C'자 곡맥(曲脈) 형태에서 드물게 나타난다. 이러한 결혈처는 횡룡입수혈로 봐야 할지 아니면 회룡입수혈로 봐야 할지 모호하다. 그렇다고 2가지 이름

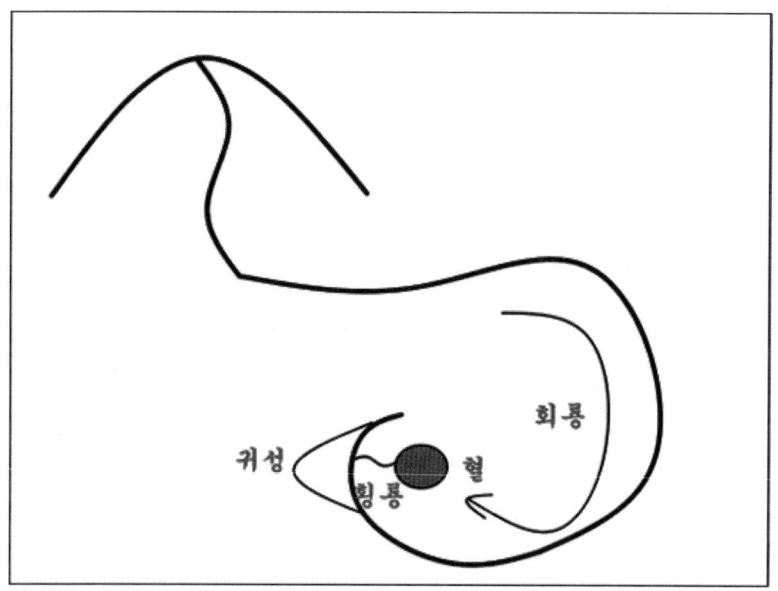

그림2. 용의 방향성에 따른 입수룡 형태

을 동시에 부를 수는 없다.

이럴 경우에는 결혈처로 입력되는 주된 힘이 어디에서 비롯된 것이냐에 따라 구분하는 것이 타당하다. 횡룡입수혈은 당배귀성의 힘을 받고 회룡입수혈은 내룡(來龍) 자체가 당배이므로 내룡맥의 힘을 받게 된다. 한마디로 등을 떠밀어주는 주체가 다르다. 그리고 회룡으로 시작해서 횡룡으로 마무리되는데 이 경우 횡룡보다는 회룡의 힘이 더 강하다고 볼 수 있다. 그러므로 회룡으로 시작하여 횡룡으로 마무리되는 입수혈의 경우 회룡입수혈로 부르는 것이 타당할 것이다. 또 횡룡입수혈은 엄격한 의미에서 회룡이 아니라 직룡으로 진행을 하다가 90도 횡으로 틀어서 결혈되는 원리다. 이에 비추어 보아도 횡룡과 회룡이 겹칠 때는 회룡입수라 부르는 것이 더 설득력 있다.

무엇이든 중복이 되거나 겹치면 순수성이 떨어져서 혼탁(混濁)해지고 혼동될 수 있다. 순수한 의미의 횡룡입수는 직룡으로 진행하다가 좌측이나 우측 어느 한 방향으로 90도 꺾어지는 횡선의 개념이다. 직룡 형태가 아니라 회룡으로 계속 돌아가다가 마지막에 가서 횡룡으로 낙맥하여 입혈하는 형태는 곡선의 개념이 강하므로 회룡입수가 되어야 한다. 다시 말하면 종선 또는 직선에서 횡선으로 넘어가는 것은 횡룡입수라 하고 곡선에서 횡선으로 이어지는 것은 회룡입수라는 결론을 내릴 수 있다.

용(龍)의 방향성에 따른 입수 6격을 구분하는 실익은 입수로 들어가는 용의 마무리 작용과 결혈조건을 이해하는 데 도움이 되기 때문이다. 혈이 맺히는 결혈 조건에 있어서는 횡선, 즉 'T'자 형태로 들어가는 입수룡이 가장 복잡한 것으로 나타나고 있다. 용맥이 진행하다가 갑자기 90도 방향을 전환하려면 뭔가 다른 조건들이 많을 것이라고 예상할 수 있다.

현재 일반적으로 알려진 횡룡입수는 단지 주룡이 행룡(行龍)을 하다가 귀사(鬼砂)[7]나 낙사(樂砂)[8] 등의 힘에 의하여 좌측 또는 우측으로 90도 방향 전환하면서 입수하여 혈이 맺히게 되면 이것을 횡룡입수라고 부른다. 그러나 현장 답산 경험으로 볼 때 횡룡입수혈, 즉 진행하던 용맥이 횡(橫)으로 방향 전환하면서 결혈하는 형태는 그 결혈 위치에 따라 크게 3가지의 유형이 나타난다.

---

7) 입수 뒤에 붙어 있는 사(砂)로서 귀사(鬼砂) 또는 귀성(鬼星)이라고 한다. 그리고 선익의 바깥에 붙은 사는 요성(曜星), 전순 앞에 붙은 사는 관성(官星)이라고 한다. 이 귀관요(鬼官曜) 삼성은 혈의 간접적인 혈증(穴證)이 된다. 현장에서는 직접적인 혈증인 오악(五嶽), 즉 입수, 좌선익, 우선익, 전순, 혈심(당판)과 합하여 오악삼성(五嶽三星)이라고 한다.

8) 혈 뒤에 솟아나 있는 산이나 언덕을 말하는데 소조산이나 현무정이 아닌 다른 산으로부터 나온 사(砂)로 혈이 횡룡으로 입수할 경우 뒤가 공허한 것을 병풍처럼 막아주는 역할을 한다. 『인자수지』에는 정혈법의 하나로 낙산정혈법을 들고 있다.

혈이 위치하는 지점에 따른 3가지 유형은 첫째, 주룡맥(主龍脈)을 베개 삼듯이 바로 붙어서 횡으로 결혈하는 형태, 둘째, 주룡맥에서 횡락(橫落)[9] 후 1절 정도 요도성맥(橈棹性脈)으로 내려가다 갑자기 결혈하는 형태, 셋째, 횡락 후 3~4절 상하기복(上下起伏) 운동과 좌우위이(左右逶迤) 운동, 또는 이 두 운동을 복합적으로 하면서 내려가다 결혈하는 형태가 있다.

풍수계에서는 횡락(橫落)하여 내려가는 입수룡에 대하여 3가지 유형으로 구분해서 보는 경우는 드물고 일반적으로 동일하게 횡룡입수혈로 여긴다. 이는 횡룡입수혈에 대한 개념이 풍수 고전에서 유형별로 명확하게 정의되어 있지 않기 때문으로 본다. 풍수학계나 풍수술사들 사이에서도 의견이 갈린다. 이러한 문제를 해결하기 위해서는 횡룡으로 낙맥하여 진행하는 입수룡을 3가지 유형으로 구분하여 그 개념을 정리할 필요가 있다.

여기서 이 책은 풍수 전문가뿐만 아니라 풍수를 처음 접하면서 읽는 분들도 있기 때문에 잠시 용어 정리를 하고 다음으로 넘어갈까 한다. 풍수의 이론체계는 기본적으로 용혈사수(龍穴砂水)로 구분하고 있으며, 여기에다 향(向)을 추가하기도 한다. 『산법전서(山

---

9) 횡락이란 주룡이 진행을 하다가 90도 정도 꺾어지면서 횡(橫)으로 맥이 하나 떨어져(落脈) 새롭게 출발을 하는데 이때 용맥이 횡으로 떨어져 새롭게 진행하는 산의 질서를 횡락이라 한다.

法全書)』에서는 풍수설은 용혈사수의 사법(四法)으로 명시하고 있으며,[10] 『지리오결(地理五訣)』에서는 용혈사수 사과(四科)에다 향을 하나 더 추가하고 있다.[11]

풍수 고전에서부터 현대의 서적에 이르기까지 풍수 이론의 기본적인 골격과 이론 전개 방식은 모두 이 틀 속에 이루어진다고 해도 틀리지 않는다. 그리고 용사수향(龍砂水向)은 혈을 찾기 위한 과정이나 절차인 반면 혈(穴)은 이러한 과정이나 절차의 목적이 된다. 따라서 풍수 공부를 하려면 우선 과정과 절차부터 익혀야 하는데 그 이론체계 중에서 가장 먼저 나오고 가장 많이 쓰이는 용어가 바로 용(龍) 또는 용맥(龍脈)이다.

용맥(龍脈)이란 용(龍)과 맥(脈)이 합쳐져서 붙여진 이름인데 외형상으로 보이는 것이 용이고 그 용의 내부에 지기가 흐르는 통로를 사람의 혈관에 비유하여 맥이라고 한다. 그래서 본 책자에서도 주룡(主龍)[12]을 주룡맥(主龍脈)이라는 표현을 많이 쓰고 있다. 용맥은 체용(體用)의 개념으로도 구분할 수 있는데 용은 외관상 보이기 때문에 체(體)가 되며, 맥은 용의 몸속에 있어서 보이지 않고

---

10) 葉九升, 『地理大成山法全書(上)』, 武陵出版有限公司(台北, 2001), 15쪽, "堪輿之說 槪而言之 不過龍穴砂水向四法而已."

11) 신평 역(2009), 『地理五訣』, 동학사, 253쪽.

12) 주룡(主龍)은 태조산에서 혈로 이어지는 중심룡을 말하며, 혈로 내려오는 용이라고 하여 내룡(來龍)이라고도 한다.

숨었기 때문에 용(用)이라고 할 수 있다. 풍수에서는 용맥이 연결되지 않는 지형은 아무리 자연환경이 좋다고 하더라도 혈 또는 명당이 될 수 없는 것으로 인식한다. 따라서 용맥이 끊어진 산은 사실상 풍수의 존재 근거가 없게 되므로 용맥의 연결이 전제 조건이 된다.

풍수에서는 산(山)을 용(龍)이라고 한다. 산을 용이라고 부르는 이유는 산의 모습이 마치 변화가 무궁한 용과 유사하기 때문이다. 즉 산이 흘러가는 모습이 마치 천변만화하는 용과 같은 유기체로 보고 산에다 생명력을 불어넣고 있다. 그러다 보니 위에서 언급한 바와 같이 용은 풍수의 이론체계 중에서도 가장 먼저 거론된다. 용이 그만큼 중요하기 때문이다. 일반적으로 지기가 흐르는 통로를 산과 용, 그리고 용맥 또는 산줄기, 산능선, 산등성이 등으로 혼용하고 있다.

맥(脈)이란 사람에 적용하면 피의 통로인 혈관(血管)이 되는 것이고, 땅속의 물이 흐르는 통로는 수맥(水脈)이 되는 것이고, 지기가 흐르는 곳은 지맥(地脈)이 된다. 지기의 흐름 그 자체를 산줄기, 산등성이, 산능선 등으로 표현할 수 있는데, 이러한 산세의 흐름이 마치 용과 같으므로 산세의 모습을 용에 비유하여 말하고 있다. 용을 살피는 법을 간룡법(看龍法)이라 한다. 풍수에서는 묏자리와 같은 좁은 범위의 땅이 되었든 도읍과 같이 큰 땅이 되었든 조종산(祖宗山)의 내력을 순차적으로 살피는 것으로부터 출발한다.

다시 돌아와서 조선 시대에 입수(入首)라는 용어는 빈번하게 등장하고 있는데 이는 입수하는 방향과 형태가 어떤지에 대한 설명이지 위에서 언급한 입수의 종류에 대해서는 그다지 중요하게 설명하지 않고 있다.[13] 그렇지만 횡룡입수의 경우 혈이 맺히는 위치가 완전히 다르게 나타나므로 중요성이 결코 떨어진다고 볼 수 없다. 따라서 현재 혼용 인식되고 있는 횡룡입수혈의 3가지 유형에 대한 결혈조건과 지기가 혈에 들어가는 입혈(入穴)의 원리를 분석하여 그 특징을 규명함과 동시에 횡룡입수혈의 개념 정리가 필요한 것이다.

용맥이 90도 정도로 방향을 전환하여 결혈이 되면 용맥이 꺾인 부분에서부터 혈까지의 거리 또는 입수룡의 절수(節數)가 다르면 당연히 혈이 형성되는 결혈 조건이나 입혈 원리가 다를 것으로 예상할 수 있다. 그럼에도 불구하고 일률적으로 횡룡입수혈이라 부르는 것은 잘못되었다고 본다. 그래서 3가지 유형별로 구분해서 접근해 보자는 것이다. 횡룡입수혈에 대해서 유형별로 구분하여 결혈조건과 입혈원리를 제시한 선행 연구는 거의 없는 것으로 파악된다. 다만, 문헌 고찰을 통하여 혈의 정의와 정립 과정, 혈 형상의 구성과 분류, 혈법의 역사적 전개 과정에 관하여 연구한 사례는 찾아볼 수 있다.[14]

---

13) 천인호(2012), 『풍수지리학 연구』, 한국학술정보, 201쪽.

14) 박정해(2015), "풍수 혈의 형상과 이론의 역사적 전개, -문헌고찰을 중심으로-", 『한국학연구』, 제55집, 고려대학교 한국학연구소.

원활한 풍수적 분석을 위하여 횡룡으로 입수하는 혈의 위치에 따라 3가지 유형으로 구분하였다. 횡룡입수혈은 주룡맥(主龍脈)[15]에서 횡락한 후 입수룡의 변화, 즉 주룡맥으로부터 혈까지의 떨어진 거리 또는 절수(節數)에 따라 구분할 수 있다. 입수룡이 주룡맥에서 횡락한 후 바로 붙어서 결혈하는 형태를 제1유형, 입수룡이 주룡맥에서 요도성맥으로 1절 정도 내려가다 갑자기 결혈하는 형태를 제2유형, 그리고 입수룡이 주룡맥에서 횡락 후 몇 절의 상하기복(上下起伏) 또는 좌우위이(左右逶迤) 등의 변화 과정을 거친 후 결혈되는 형태는 제3유형으로 분류하였다.

자연이란 그 형태가 천차만별하여 대표적인 3가지 유형 외에도 여러 형태가 나올 수 있다. 그러나 현장에서는 90도 꺾이면서 용맥이 방향을 전환하여 혈이 맺히는 경우는 이 3가지 유형이 가장 우세하게 나타나고 있다. 후술하겠지만 제1유형은 '횡룡입수', 제2유형은 '섬룡입수[16]', 제3유형을 '직룡입수'라는 이름을 붙였는데 그

---

15) 횡락(橫落)한 후 내려가는 용맥과 횡락 전의 용맥을 구분하기 위하여 횡락 전의 용맥을 주룡맥이라고 하였다. 주룡맥이 간룡(幹龍)이라면 횡룡맥은 지룡(枝龍)이 된다.

16) 섬룡입수는 결혈이 될 수 없는 지형에 눈 깜짝할 사이에 갑자기 혈이 맺힌다고 하여 붙여진 이름이다. 도저히 혈이 결지될 수 없는 요도(橈棹) 부분에 갑자기 혈이 형성되기 때문에 섬룡입수로 부르는 것이다. 일종의 괴혈(怪穴)이라 할 수 있다.

형태를 그림으로 나타내면 아래의 다음과 같다. 입수룡이 주룡맥에서 90도 방향 전환을 하여 내려오기 때문에 제2유형과 제3유형은 앞에 횡락(橫落)이라는 말을 붙여서 '횡락섬룡입수', '횡락직룡입수'라고 부를 수 있다. 아래 그림에서도 입수의 형태가 잘 나타나 있지만 같은 횡락룡이라도 결혈처가 다르고 용맥의 흐름도 다르다는 것을 확인할 수 있다.

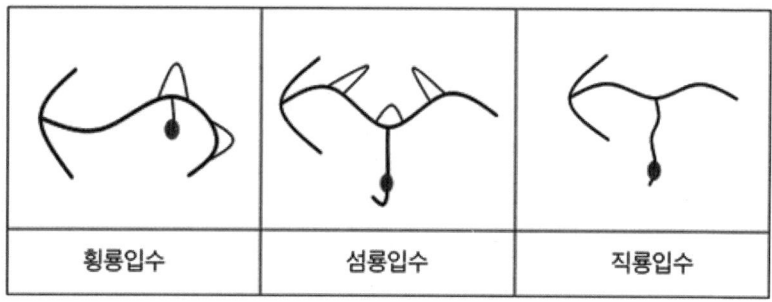

그림3. 횡룡의 3가지 입수 형태

횡룡입수혈의 유형별 분석을 위한 연구 대상지는 혈증(穴證)을 갖춘 혈자리로서 1유형의 경우 민묘 4개소, 제2유형은 민묘 3개소로 하였다. 이는 논문 발표 시점(2018년 8월)에서 제1유형과 제2유형의 다른 연구 대상지를 발견할 수 없었기 때문이다. 논문 발표 이후에 꾸준히 답산을 다닌 결과 횡룡입수혈의 제1유형과 제2유형 혈자리를 몇몇 군데 추가로 찾아내었다. 추가로 찾은 자리 역시 결혈조건이나 지기의 입혈 원리는 당초 분석한 내용과 일치하는 것으로 확인되었다. 연구 대상지를 포함하여 이제까지 추가로 찾아낸 횡룡입수혈의 제1유형과 제2유형의 혈자리를 모두 세어보면 그 수는 10개 내외밖에 되지 않는다.

그리고 횡룡입수혈 제3유형의 경우 주룡맥에서 출발이 횡룡으로 낙맥(落脈)한다는 거 외에는 일반적인 혈의 형성원리와 같으므로 사례지 분석은 하지 않고 이론적인 부분에 대하여만 설명을 하였다. 횡룡입수혈의 제3유형도 크게 3가지 형태로 구분해 볼 수 있다. 첫째, 입수룡이 요도성맥(橈棹性脈)[17]으로 횡락한 후 3~4절 이상 변화 과정을 거쳐 혈로 입수하는 경우이다.[18] 횡락하는 부분에 귀성(鬼星)이 붙어서 힘이 들어가는 형태와 귀성이 붙어 있지 않고 앙와(仰瓦) 형태가 있다. 둘째, 주룡맥에서 익(翼)[19]의 형태로 횡락한 후 3~4절 이상의 변화 과정을 거쳐 혈로 입수하는 경우이다. 셋째, 주룡맥이 'C'자형 곡맥(曲脈)으로 횡락한 후 혈로 입수하는 경

---

17) 요도성맥은 정상적으로 출발하는 정맥(正脈)이 아니라 요도(橈棹) 형태로 출발하는 방맥(傍脈)을 말한다. 요도성맥은 정상적인 용맥이 아니기 때문에 3~4절 정도 상하기복 또는 좌우위이 운동을 거쳐야 새로운 기운이 형성되어 결혈조건을 갖추게 된다. 요도성맥의 경우 요도 형태로 출발하기 때문에 용맥의 출발 부분은 불룩하게 배를 내밀 듯이 넓고 두툼하며, 곧고 경직되어 있다.

18) 제2유형은 요도성맥으로 출발하여 1절 정도 내려가지만 이 경우는 3~4절 정도의 변화과정을 거친다.

19) 익(翼)이란 현장 답산에서 주로 사용하는 용어이다. 이에 대한 자세한 내용은 다른 장에서 설명한다.

우이다. 이에 대한 구체적인 내용은 후술한다.

전국적으로 몇 개도 안 되는 횡룡입수혈(제1유형)이나 횡락섬룡입수혈(제2유형)에 대하여 연구논문으로 발표할 정도로 거창하게 다룰 필요가 있겠냐는 의문을 제기할 수 있다. 충분히 이러한 질문이 나올 수 있다고 본다. 그러나 횡룡으로 입수하는 3가지 유형에 대하여는 그 개념이 반드시 정리되어야 한다. 만약 그렇게 하지 않으면 수백 개, 아니 수천 개의 가짜 횡룡입수혈이 나올 수 있기 때문이다.

제2장

횡룡입수혈의
이론적 배경

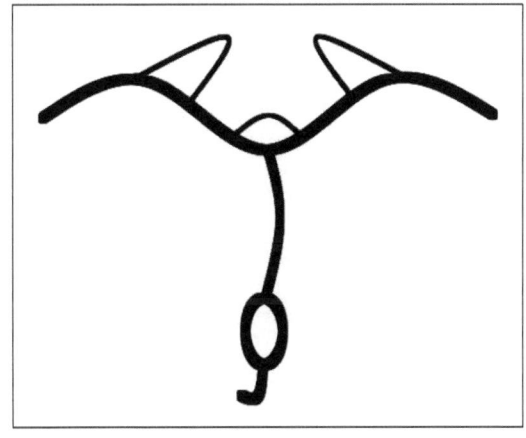

　횡룡입수혈의 이론적 배경은 여러 풍수 고전에 나타나고 있는데『감룡경(撼龍經)』에서는 "횡룡이 혈을 맺으려면 반드시 귀성이 있어야 한다."[20]라고 하여 횡룡입수혈의 결혈조건으로 귀성을 들고 있으며,『의룡경(疑龍經)』에서는 "간룡에 만약 귀성이 있으면 용맥이 방향을 전환하는데 앞은 넓게 펼쳐져서 안정감을 갖게 된다."[21]라고 하여 귀성이 용맥의 방향 전환 역할을 하고 있음을 밝히고 있다. 풍수 고전에서는 혈 뒤에 붙어 있는 사(砂)를 귀사(鬼砂, 鬼沙), 귀성(鬼星), 귀산(鬼山) 등으로 부르고 있는데 모두 같은 말이다. 그러므로 필자도 귀사와 귀성을 혼용해서 쓰고 있다.

　『인자수지』와『지학(地學)』에는 횡룡으로 입수할 때의 조건 등

---

20)『撼龍經』,「武曲」, "橫龍出穴必有鬼,"

21)『疑龍經』,「中篇」, "幹龍若是有鬼山 回轉向前寬處安."

에 대해서 비교적 자세히 설명되어 있다. 『인자수지』는 중국 명나라 때 서선계·서선술 형제가 그 당시까지 저작된 관련 풍수 서적을 참고하고 현장답산 사례를 추가하여 집대성한 것으로써 풍수의 백과사전이라 할 수 있다. 『지학』은 청나라 때 심호가 형기론 입장에서 저술한 것으로 형기(形氣) 풍수의 대표 서적이다. 『인자수지』에서는 횡으로 결혈이 되려면 혈후에 의지할 낙산(樂山)[22]과 귀산(鬼山)이 요구된다는 것을 다음과 같이 설명하고 있다.

"횡룡이라는 것은 횡맥이 입수함으로써 결혈된 것이다. 혹은 우측에서 내려오기도 하고, 혹은 좌측에서 내려오기도 하는데, 혈후에는 반드시 낙산과 귀산이 있어야 한다. 료씨가 말하기를 횡룡의 혈 뒤에는 귀산과 낙산을 필요로 하고 이러한 귀·낙산을 혈 뒤로 하여 의지해야 한다."[23]

그리고 횡룡입수혈의 혈증을 확인하는 방법으로 『인자수지』에서는 낙산증혈(樂山證穴)과 귀성증혈(鬼星證穴)을 들고 있다. 낙

---

22) 낙산(樂山)에서 '樂'이란 즐겁고 좋다는 뜻인데 횡혈에 이러한 낙산이 혈 뒤에서 장막처럼 받쳐주면 즐거움이 있다는 것이다. 『人子須知』, 「論樂山」, "落喜好也 喜有此山托帳于後."

23) 『人子須知』, 「論龍入首五格」, "橫龍者乃橫脈入首而「結穴者 或從右來或從左來須要穴後有樂有鬼 廖氏云穴後有樂有鬼 廖氏云橫龍穴後必要鬼樂星 宜後峙是也."

산증혈에 있어서는 "무릇 횡룡 결혈이라는 것은 반드시 낙산을 베개 삼아야 한다."[24)]라고 하며, 귀성증혈에서는 "귀성증혈이라는 것은 횡으로 낙맥하여 옆으로 비켜서 결혈된 혈을 말하고, 혈 뒤에는 반드시 귀성을 갖출 것이 요구된다. 직룡으로 곧게 내려와 등을 바로 밀어쳐서 결혈한 곳에서는 귀성을 논할 필요가 없다."[25)]라고 하여 횡룡입수의 경우 낙산과 귀성이 필수조건임을 내세우고 있다. 그런데 이 고전에서 제시된 낙산과 귀산의 그림만 보아서는 정확한 결혈조건의 확인이 어렵다. 그리고 일반적 결혈 형태인 직룡입수의 경우에는 내룡맥 자체가 등을 쳐주기 때문에 귀성이 필요하지 않다는 점을 분명히 밝히고 있다.

『지학』에서는 "횡룡은 반드시 귀를 써야 한다. 귀란 꼬리이며, 베개이며, 널(관)[26)]이다. 이러한 것들이 없다면 쓸 수가 없는 것이다. 귀에는 단귀, 쌍귀, 다귀가 있다."[27)]라고 하여 횡룡의 결혈에는 귀사(鬼沙)가 필수조건이며, 횡혈이 결지되기 위하여는 귀사의 수는

---

24) 『人子須知』, 「論樂山證龍穴入」, "凡, 橫龍穴者必要枕樂."

25) 『人子須知』, 「論樂山證龍穴入」, "鬼星證穴者惟橫落偏斜之穴 穴後必要有鬼星具 直來撞背結穴者則不必論鬼."

26) 허찬구는 츤(櫬)을 내관(內棺), 즉 널이라고도 하며, 시신이 직접 닿는 부분이라고 설명하고 있다. 심호 저, 허찬구 역(2011), 『地學』, 육일문화사, 352쪽.

27) 『地學』, "橫龍須用鬼 鬼者尾也枕也櫬也 非族也無所用."

하나일 수도 있고 여러 개[28]가 있을 수 있음을 설명하고 있다. 또한 "횡혈은 귀의 기(氣)를 되돌려 거두어 들여야 하며, 귀의 힘(力)을 되돌려 거두어야 하며, 귀의 세(勢)를 되돌려 거둬들여야 하며, 귀의 숨(意)을 되돌려 거두는 것이 요구된다."[29]라고 하여 귀사가 횡룡입수혈의 결혈에 직접적인 영향을 미치고 있음을 강조하고 있다.

그리고 "귀가 없으면 고산(靠山)[30]으로 논한다. 무릇 측뇌와 몰골[31]은 모두다 횡맥으로 가볍게 내려와 결지된 혈로서 혈 뒤에는 반드시 고산이 있어야 한다."[32]라고 하여 귀성이 없다면 혈 뒤에 의지할 수 있는 낙산이 귀성의 역할을 대신할 수 있으며, "고산이 있으

---

28) 귀사(鬼砂)의 종류에서 소의 뿔처럼 두 개의 귀사가 붙어 있는 모양을 가진 쌍귀를 효순귀(孝順鬼)라고 한다. 섬룡입수혈에서는 용맥이 오는 쪽과 가는 쪽에 각각 귀성이 붙어 있는데 이것을 '오는 쪽 귀사' 및 '가는 쪽 귀사'로 표현하였다. 아울러 양쪽 귀사는 하나만 붙어 있는 것이 아니라 여러 개가 붙어 있을 수 있다.

29) 『地學』, "穴要收回鬼氣 收回歸力 水回歸勢 收回鬼意."

30) 『地學』에서는 靠山을 樂山으로도 명명하고 있는데 樂은 오(敖)의 음이므로 오와 같은 발음되는 요산으로 읽어야 한다는 것을 설명하고 있다. 『地學』, "附靠山亦名樂山 樂音敖."

31) 측뇌(側腦)는 입수하는 혈성의 머리가 한쪽으로 치우쳐 형체가 바르지 못한 것이고, 몰골(沒骨)은 머리 자체가 없는 것이다.

32) 『地學』, "無鬼論靠 凡側腦沒骨 一切橫軟之穴."

면 혈을 쓸 수 있지만 고산이 없으면 혈을 버려야 한다."[33]라고 하여 귀성과 낙산이 모두 없으면 혈이 맺힐 수 없음을 설명하고 있다.

『지리오결(地理五訣)』에서는 "횡룡을 알고자 하는 것은 그리 어렵지 않다. 단지 혈에 올라가 한 눈으로 살피는데 좌우로 팔을 벌리거나 입을 벌린 듯 열려 있다 하더라도 입수(뇌두)가 바람을 맞아 혈이 차갑게 될 우려가 있으므로 반드시 낙산이 필요하고 이것이 베개가 되며, 귀성과 요성이 아주 가까이 붙어서 밀어주어야 반듯하면서 단정하게 된다."[34]라고 하여 횡룡입수혈은 혈후(穴後)의 낙산뿐만 아니라 혈후나 좌우에 각각 귀성과 요성이 붙어 있어야 제대로 된 결혈처라는 것을 설명하고 있다. 여기서도 낙산과 귀성이 횡룡입수혈의 필수조건임을 내세우고 있다. 게다가 아래의 그림에서 보는 바와 같이 혈 옆에 요성(曜星)이 붙어서 90도로 방향 전환을 하면서 용맥이 우선룡(右旋龍)으로 마무리되고 있음을 볼 수 있다.

---

33) 『地學』, "有靠則立 無靠則廢."

34) 『地理五訣』, 「卷三」, "欲識橫龍却不難 止在登穴一望間 雖然開手又開口 又恐腦風吹穴寒 必要樂山爲枕靠 鬼曜襯托方之端."

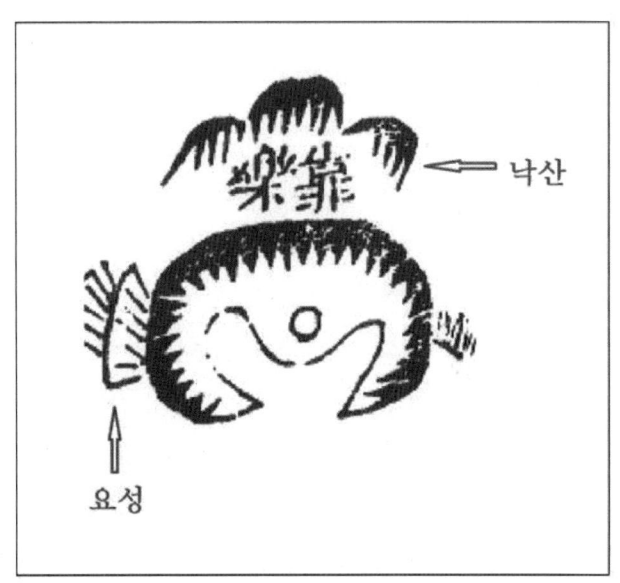

그림4. 횡룡입수혈의 낙산과 요성(출처;지리오결〈1998〉, 조구봉, 무릉)

    현대에 발간된 서적은 대체로 이러한 풍수 고전의 내용을 그대로 인용하는 수준에서 횡룡입수혈을 설명하고 있다. 그러나 일부 서적에는 현장의 경험을 토대로 고전에서 언급되지 않았던 부분까지 제시하고 있다. 인터넷 매체나 각종 학회 등에서 횡룡입수혈이 위치한 지형의 상태나 결혈조건에 대하여 나름의 견해를 밝히고 있다.

    현대에 발간된 서적을 통하여 제시된 횡룡입수혈의 논리를 살펴보면, 정경연은 행룡하는 주룡의 측면에서 입수룡이 나와 혈을 결지하는 형태를 횡룡입수혈로 정의하고 있다. 횡룡의 입수룡은 탈살이 거의 다 된 상태라 큰 변화를 하지 않고 아래의 그림과 같이 서너 절 굴곡(屈曲)이나 위이(逶迤)로 변화한 다음 혈을 맺는 것이 일반적이며, 횡룡입수하는 맥은 뒤가 허하여 반드시 주룡 측면에 귀성이 받쳐주고 그 뒤로는 낙산이 허함을 막아주어야 하므로 귀성과 낙산은 횡룡입수혈의 필수조건이라고 하였다.[35]

여기서 귀성과 낙산은 횡룡입수혈에 반드시 필요하다는 것은 풍수 고전에서의 설명과 동일하지만 횡룡입수혈이 결지하는 위치는 횡룡으로 낙맥한 후 3~4절 좌우위이(左右逶迤)하는 변화 과정을 거쳐야 한다는 점이 다르다.

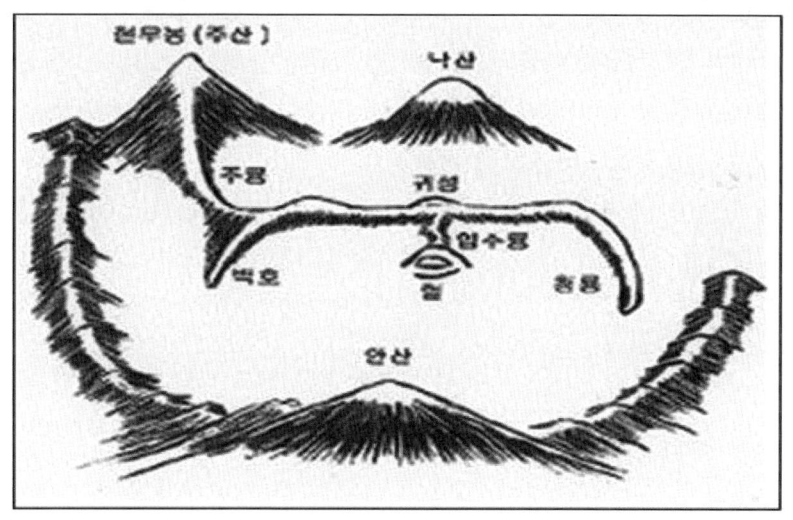

그림5. 룡입수혈의 결혈도(출처;정경연(2012), 『정통풍수지리』, 240쪽)

---

35) 정경연(2012), 『정통풍수지리』, 평단문화사, 240쪽.

손정고는 횡룡이 혈을 형성할 경우 용맥 중심이 아닌 좌측이나 우측으로 돌아 앉으며, 용맥을 베개 삼아 베고 누웠을 때의 혈을 횡혈 또는 횡입수혈이라 정의하고 있다.[36] 정경연의 주장처럼 입수룡이 좌우위이 변화를 통하여 몇 절을 내려가는 것이 아니라 주룡맥(主龍脈)에서 좌나 우로 꺾어지면서 그 주룡맥을 베고 바로 혈이 결지된다는 논리이다. 즉 횡룡입수혈은 90도 방향 전환을 한 후 몇 절 내려가서는 안 되고 주룡맥 쪽에 바짝 당겨져 있어야 한다.

귀성이 주룡맥의 생기를 혈장으로 거두어 돌이켜야 하므로 횡혈은 반드시 귀성이 있어야 형성되며, 혹은 낙사가 있을 때 횡혈을 형성하기도 한다. 아울러 횡혈의 입수맥이 들어온 증거로는 혈장을 형성한 후 여기(餘氣) 진행 맥이 차단되듯이 뚝 떨어져야 한다는 것이다.[37] 횡룡입수혈의 결혈조건으로 귀성과 낙산을 들고 있으며, 횡룡입수혈을 결혈할 경우 진행하던 용맥이 끊어지는 현상이 나타나야 횡혈이 생길 수 있다는 점을 설명하고 있다.

이익중 역시 횡룡입수에서 혈장이 형성되고 나면 진행하던 용맥이 일단 단멸현상(斷滅現象), 즉 진행하던 용맥이 에너지의 흐름

---

36) 손정고(2003), 『풍수지리 강의』, 신지서원, 104쪽.

37) 손정고(2003), 『풍수지리 강의』, 신지서원, 104-106쪽.

을 매듭짓고 뚝 떨어지거나 끊어져야 한다는 것이다.[38]

그리고 이재영 등은 횡룡입수혈이 결혈되는 4가지 조건을 제시하고 있다. 첫째, 당배귀성이 있어야 하며, 둘째, 가는 쪽 맥이 경사지게 떨어져야 하며, 셋째, 전순이 있어야 하며, 넷째, 앞의 3가지 조건이 충족되면 당배귀성 쪽으로 혈이 당겨져 있어야 한다는 것이다.[39] 이러한 주장은 현장 실사를 토대로 횡룡입수혈에 대한 구체적인 조건을 제시한 진일보 된 주장이라고 볼 수 있다.

기타 인터넷에 올라와 있는 횡룡입수혈에 관한 내용을 살펴보면, 용맥이 변화 있게 생왕룡으로 진행하는데 용맥의 끝에 가서 결혈된 자리가 없는 경우 아래의 그림과 같이 용맥의 마지막 두 번째 가지룡이 횡룡으로 빠져나와서 입수하여 자리를 만든다. 이렇게 결작(結作)하는 것이 횡룡입수혈이라 하며, 횡룡입수혈과 유사하지만 용맥이 끝에서 횡으로 돌면서 자리를 결작하는 경우는 사래횡작(斜來橫作)이라는 주장을 하고 있다.[40] 그리고 일부 풍수학회에서는 본 연구의 사례지 중 하나인 제2유형의 경북 구미시 상모동 소

---

38) 이익중(2011), 『터와 명당』, 우성출판사, 339-340쪽. 이익중(2003), 『길한 터 흉한터』, 우성출판사, 163-64쪽.

39) 이재영 · 박종을 · 박석조(2014), 『8대 명당은 풍수를 훼절하다』, 형설출판사, 121쪽.

40) 백달풍수연구소, http://blog.naver.com/tklim1/6763109.

재 박정희 전 대통령 부모 묘 입수 형태를 횡룡입수로 보고 있다.[41]

그림6. 횡룡입수도(출처;https://blog.naver.com/tklim1/6763109)

이상과 같이 횡룡입수혈에 대한 이론적 배경을 살펴본바, 횡룡입수혈은 진행하던 용맥이 귀성 등의 어떤 힘의 작용으로 90도 정도 좌측이나 우측으로 꺾어지면서 입수하여 혈을 형성하는 것으로써 귀사와 낙사는 반드시 필요한 조건으로 삼고 있다. 이 부분에 대하여는 이론이 없다. 그러나 횡룡입수혈의 다른 결혈조건에 대하여는 의견을 달리하고 있음을 알 수 있다.

---

41) 한국참풍수지리학회, http://cafe.daum.net/hsfrs/FsM2/2711.

제3장

횡룡입수혈의 유형별 결혈 조건 분석

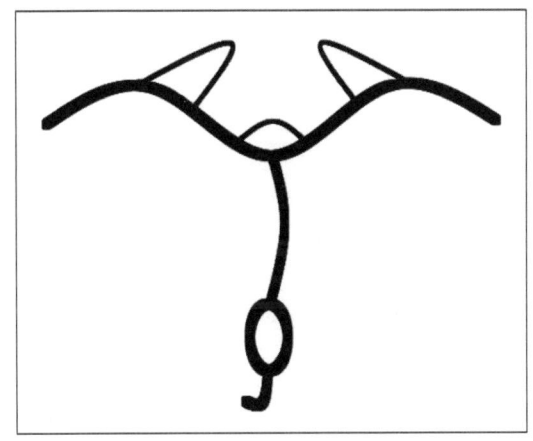

풍수의 궁극적인 목적은 혈처를 찾는데 있으며, 이러한 혈이 형성되려면 가장 먼저 진행하던 용맥이 멈추어야 한다. 즉 '계수즉지(界水則止)'가[42] 전제되어야 한다. 그리고 행도하는 용맥이 멈추어서려면 진행하던 용맥 앞쪽이 단계를 이루는 형태로 단절되듯이

---

42) 『靑烏經』에서는 "기는 바람을 타면 흩어지고, 맥은 물을 만나면 머무는 것이다(氣乘風散, 脈遇水止)"라 하였다. 그리고 『錦囊經』기감편에서는 "장사를 지냄에 있어서는 생기에 의지해야 하며, 오행의 기는 땅속을 돌아다닌다(葬者乘生氣也. 五氣行於地中)."라고 하며, "경에 이르기를, 기는 바람을 타면 흩어지고, 물에 닿으면 머문다(經曰, 氣乘風則散, 界水則止)."고 하여 기는 땅, 즉 용맥을 타고 흐르는데 기가 모이려면 용맥이 물을 만나서 멈추어야 한다는 점을 강조하고 있다.

떨어지면서 좌측 또는 우측으로 틀어주어야 한다.[43]

용맥이 시계방향으로 선회하면서 멈추어 혈을 맺으면 좌선룡(左旋龍), 반시계 방향으로 선회하면서 멈추어 혈을 맺는 것을 우선룡(右旋龍)이라 한다. 다시 말하면 용맥이 좌측에서 출발하여 우측으로 진행하면 좌선룡, 우측에서 출발하여 좌측으로 가면 우선룡이라고 하는 데 이것을 반대로 보는 사람들도 있다. 용맥이 좌선 또는 우선하여 멈추는 경우 진행하던 용맥은 더 이상 나가지 못하고 뚝 떨어지면서 층계를 이루어 단절됨에 따라 용맥을 타고 흐르는 모든 생기를 혈에 공급하게 된다. 현장에서는 이런 형태로 멈추는 용맥을 'J자 용맥'이라고 한다.

용맥이 마치 영어 알파벳의 J자 모양으로 구부러져 있어서 이러한 이름을 붙이고 있다. 한자로는 '丁(고무래정)'자 모양이지만 발음의 편의나 용맥의 끝이 굽어지는 형태가 알파벳 J자에 더 가까우므로 현장에서는 '丁(정)자' 용맥이라 부르지 않고 그냥 'J(제이)'자 용맥이라고 부른다. 만약 용맥이 멈추지 못하고 진행하여 쭉 빠지게 되면 'I'자 형태가 된다.

---

43) 『撼龍經』 무곡편에서는 "분지벽맥한 용맥이 머리를 돌리지 않으면 혈장의 기운을 빼앗아가서 기운이 온전치 못하다(分枝劈脈不回頭 奪我正身少全氣)." 라고 하므로 용맥이 멈추어 혈을 맺으려면 곡맥으로 틀어주어야 한다.

특히 용맥이 J자 형태로 마무리되려면 짧게 틀어주어야지 길게 늘어지면 기운이 흘러 가버린다. 그리고 J자 용맥 끝이 90도 이상 안쪽으로 들어오는 형태가 되어야 뒤에서 기운이 응기·응축되어 결혈이 된다. J자 용맥은 한쪽 부분에서는 살(흙이나 바위)가 많이 붙어서 다른 쪽으로 밀어주고 반대편에서는 살이 없고 급해서 굽어지게 된다. J자 용맥은 좌우가 균등해서는 안 되며, 한쪽이 상대적으로 강하여 그 반대 방향으로 휘어지게 되는데 이러한 용맥을 편룡(偏龍) 또는 선룡(旋龍)이라고 부른다.

용맥이 단절되어 멈춘 부분으로부터 다시 진행하게 되면 이는 혈이 형성되고 난 뒤의 새로운 맥이 나가는 것이므로 3~4절 상하 기복 또는 좌우위이 변화를 거치면서 생기가 새로이 생성되어 혈이 맺히기도 한다. 한 능선에서 일단 결혈이 되고 난 뒤에 다시 출발하는 맥을 일러 방맥(傍脈)이라고 하며, 이 방맥은 일정 절수(節數) 이상 변화 과정을 거치면 주룡(主龍)으로의 지위를 확보하게 된다.

따라서 결혈이 되기 위한 가장 기본적이고 일반적인 조건(용맥이 진행을 하다가 J자 형태를 만들면서 한 방향으로 틀어서 마무리)과 함께 위 2장에 밝힌 여러 주장을 종합해 보면, 횡룡입수혈이 되기 위한 결혈조건은 아래와 같이 5가지 측면으로 접근해 볼 수 있다.

첫째, 용맥이 좌선 또는 우선으로 마무리하여 멈추는지 여부(이하 제1조건)이다. 제1조건은 아래의 그림과 같이 한 방향으로 틀면서 마무리하여 혈을 결지한 후 방맥으로 다시 출발할 수도 있고 방맥 없이 완전히 마무리될 수도 있다.

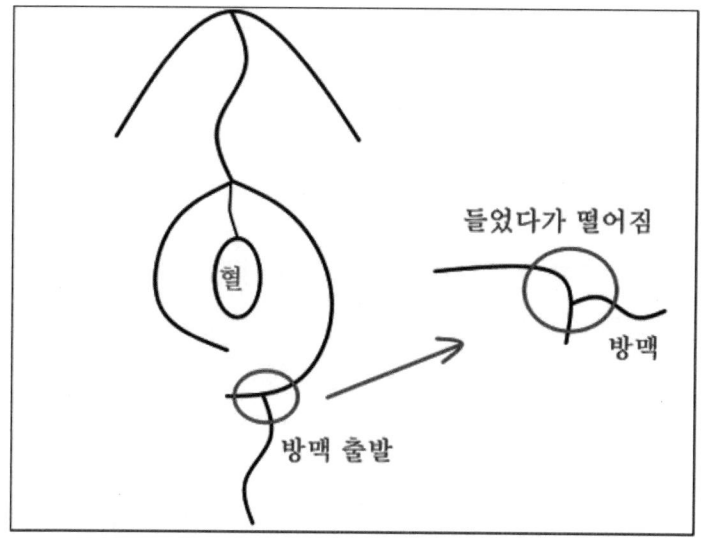

그림7. 좌선룡의 용맥도

용맥은 좌선(左旋)으로 돌거나 우선(右旋)으로 돌아서 마무리함과 동시에 더 이상 진행하지 못하여 중간에 단절이 되듯 뚝 끊어져야 한다. 용맥이 단절되어 떨어지는 높낮이는 혈후(穴後)에서 내려오는 주룡맥의 상태에 따라 격차가 클 수도 있고 눈에 보이지 않을 정도의 미세한 층을 이룰 수도 있다.

이를 확인하는 방법으로는 전순 부분이 우측 또는 좌측으로 틀어졌는지, 아니면 앞으로 뚝 떨어졌는지를 보면 된다. 전순이 좌나 우로 회전하면서 끝마무리를 하면 완벽한 전순이 된다. 그렇지 않고 용맥 좌우에 요도(橈棹)가 붙어서 좌우로 움직이거나 상하로 움직이면 멈추지 않고 운동하는 용맥이 된다.

둘째, 당배귀성(撞背鬼星)[44]이 있는지 여부(이하 제2조건)이다.[45] 횡룡입수혈에서는 당배귀성이 중요하다. 당배귀성은 혈 뒤에 위치하면서 주룡맥이 지나갈 때 기운이 횡으로 들어가도록 쳐주는 역할을 한다. 제2조건은 아래의 그림과 같다.

---

44) 당배귀성의 撞(당)은 '친다. 찌르다'의 의미다. 실내 스포츠 중의 하나인 당구(撞球)는 막대기로 공을 뒤에서 치는 운동인데 이때 당구의 당자가 '칠당'이다. 횡룡입수에서는 귀성이 용맥에 흐르는 기운을 혈 바로 뒤에서 치기 때문에 당배귀성이라고 한다. 직룡입수에서는 내룡이 등을 쳐주는 당배가 된다.

45) 귀성 또는 귀사가 혈장에 지기를 공급하는데 직접적인 영향을 미치고 낙산은 기가 흩어지지 않도록 하는 장풍 역할을 통한 간접적 역할을 하는 것으로 보아 낙산은 제외하였다.

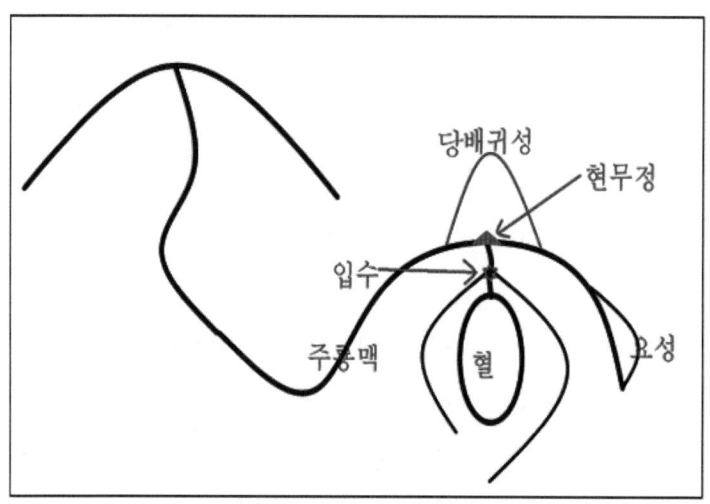

그림8. 당배귀성

　여기서 주목해야 할 부분은 당배귀성과 주룡맥(主龍脈)이 만나는 부분이 입수(入首)냐 아니면 현무정(玄武頂)이냐는 문제이다. 대부분 당배귀성과 주룡맥이 만나는 지점을 입수라고 주장하는 것 같다. 혈과 워낙 가까이 붙어 있어서 그렇게 볼 수도 있다. 그러나 엄격히 따지면 그렇지 않다. 비록 횡룡입수혈은 주룡맥 쪽으로 붙어 있지만 입수와 현무정은 분명히 구분된다. 왜냐하면 입수는 좌선익과 우선익이 만나는 지점이기 때문이다. 당배귀성과 주룡맥이 만나는 지점 아래에 입수가 형성되어 입수 좌우로 선익사(蟬翼砂)를 펼치고 있다. 그렇다면 입수 뒤에 주룡맥과 당배귀성이 만나면서 약간 솟아 있는 부분은 현무정이 된다. 좌측에 단절되듯이 뚝 떨어지면서 좌선룡으로 틀어지는 맥은 청룡이 되고 오는 쪽의 입력처 주룡맥은 백호가 된다.

　풍수 용어와 관련하여 짚고 넘어가야 할 부분이 있어서 언급하고자 한다. 현재 풍수계에서는 주산(主山)과 현무(玄武)의 개념이 아직도 정립되어 있지 않아 혼동이 있는 거 같다. 조선 시대에도 현무와 주산을 동일시 보느냐 아니냐를 두고 풍수가들 사이에 치열하게 주산 논쟁을 벌인 사실도 있다. 풍수 고전에서는 대개 현무와 주산을 동일시하는 것으로 보인다.

　그러나 현무와 주산은 구별하여 사용해야 한다. 즉 현무는 범역(範域)의 개념이고 주산은 선구조(線構造)로 이어지는 봉우리, 즉 점(點)의 개념이다. 따라서 현무의 범역이란 일정한 거리의 반경으로써 혈후(穴後)의 산 덩어리 전체 형태를 말하는 것이다. 백호나 청룡, 주작 역시 마찬가지로 봉우리 개념이 아니라 일정 범역의 덩어리 개념으로 보아야 한다. 그래서 현무에 있는 봉우리는 주산으로 사용하되 현무라는 말을 넣고 싶으면 현무정(玄武頂) 또는 현무봉(玄武峰)으로 써야 타당한 것으로 보인다. 이 부분은 앞으로 논의가 더 필요하다.

　『지리오결(地理五訣)』에서는 "혈의 후면이 텅 비어서 우묵하게 들어간 것을 앙와(仰瓦)⁴⁶⁾라고 한다. 진기가 유통되지 않고 바람의 피해를 입는다."⁴⁷⁾라고 하여 앙와가 형성된 지형에서는 지기가 들어오지 않을 뿐만 아니라 바람의 피해가 우려된다는 점을 설명하고 있다. 횡락으로 내려온 용맥 중에서 제3유형의 경우는 앙와가 있더라도 3~4절 이상의 절수가 있기 때문에 내룡맥 자체가 등을 치듯 지기를 혈로 입력시키는 당배(撞背)가 된다. 제3유형은 귀성 없이도 결혈이 될 수 있으나 제1유형과 제2유형은 지기를 혈로 입력시키려면 귀성의 힘이 필요하다. 또한 기가 바람에 흩어지지 않도록 하는 역할을 귀성이 한다. 그러므로 당배귀성은 횡룡으로 입수하는 혈의 필수조건으로 보고 있다.

셋째, 주룡맥(主龍脈)이 입수룡을 횡으로 낙맥시킨 후 진행하다가 뚝 떨어지는 단절현상과 함께 혈이 주룡맥 쪽으로 바짝 당겨져 있는지 여부(이하 제3조건)이다. 제3조건은 아래의 그림과 같다. 진행하던 용맥이 뚝 떨어져야 하는 이유는 더 이상 기운이 가로 방향으로 흘러가지 못하게 하여 세로 방향, 즉 횡룡으로 기운을 돌려주기 위함이다. 그리고 혈이 주룡맥에 바로 붙어 있어야 하는 이유는 당배귀성의 힘을 받아야 하기 때문이다. 만약 당배귀성으로

---

46) 앙와의 사전적 의미는 지붕의 고랑이 되도록 젖혀 놓은 기와틀이다. 지형이 움푹 들어가서 홈이 진 것을 말한다.

47) 『地理五訣』, 「穴訣」. "穴後空缺名仰瓦 眞氣不融受風吹)."

부터 너무 멀어지게 되면 그 힘을 받을 수 없게 된다.

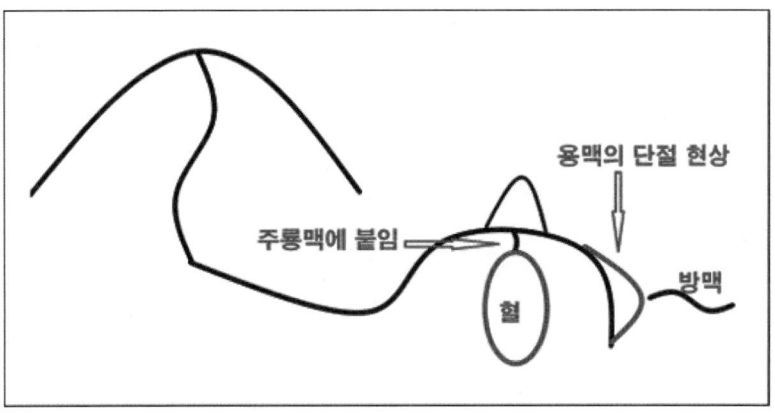

그림9. 용맥의 단절 현상과 주룡맥으로 당겨진 결혈

넷째, 주룡으로부터 횡락한 입수룡이 좌우위이 또는 상하기복 변화를 3~4절 이상 거친 후 혈을 결지하는지 여부(이하 제4조건)이다. 제4조건은 아래의 그림과 같다. 제3조건과 제4조건을 구분하는 이유는 거리나 절수(節數)의 차이로 인하여 당배귀성의 영향력이 다르기 때문이다. 아무래도 가까이 붙어야 귀성(鬼星)의 힘을 받을 수 있고 멀어지면 귀성의 힘이 아니라 내룡(來龍)의 힘을 받게 된다.

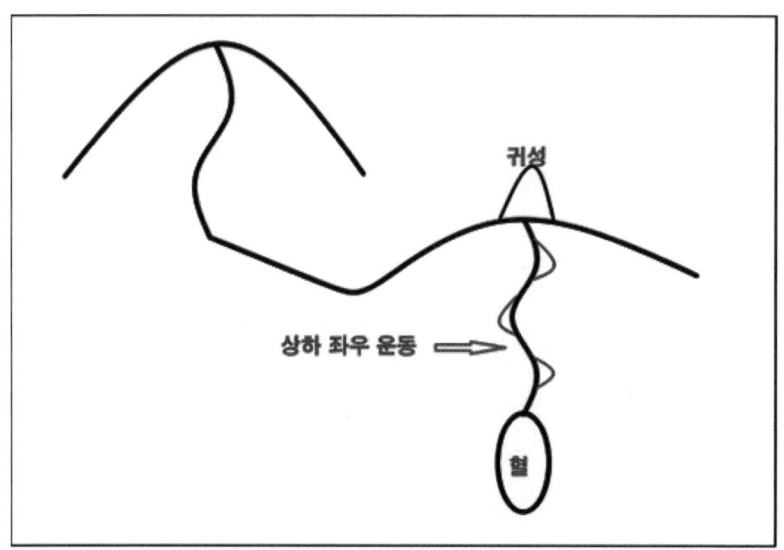

그림10. 상하기복 및 좌우위이 운동 후 결혈

다섯째, 진행하던 주룡맥의 마지막에서 두 번째 가지룡에서 횡룡으로 빠져나와서 혈자리를 만들어 주는지 여부(이하 제5조건)이다. 제5조건은 아래의 그림과 같다. 제5조건의 경우 두 번째 가지룡에서 횡락하여 결혈되면 좌측의 마지막 능선은 청룡이 되며, 오는 내룡맥(來龍脈) 또는 그 다른 가지룡은 백호의 역할을 함에 따라 사신사 국면을 형성하게 된다.

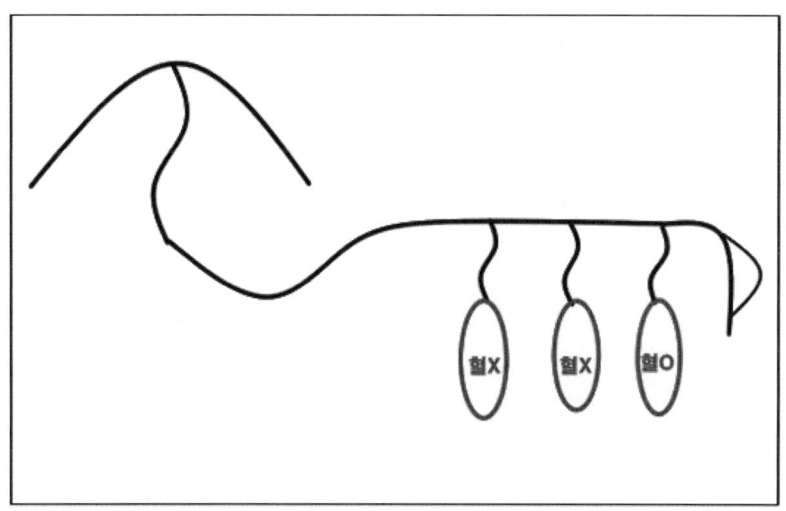

그림11. 마지막 두 번째 가지룡 결혈

횡룡입수혈의 유형별 특징 분석은 이상에서 설명한 바와 같이 5가지 조건을 갖추었는지 여부를 가지고 살펴볼 수 있다. 특히 제3조건과 제4조건의 경우 서로 비슷한 지형 같지만 횡락 후 혈이 맺히는 위치가 다르다는 점에 주목하여야 한다.

 # 횡룡입수혈 제1유형의 결혈 조건 분석

1) 안동 오미리 민묘

안동 오미리 민묘는 경북 안동시 풍산읍 오미리에 소재하고 있다. 경북도청 뒤의 검무산 북쪽 아래에 위치한다. 위에서 제시한 횡룡입수혈 분석의 5가지 조건이 충족되는지 여부를 살펴보면, 아래의 사진에서 보는 바와 같이 이 묘지는 용맥이 좌선하면서 마무리하여 제1조건을 충족하고 있다. 혈 좌측에는 용맥이 단절 현상을 보이면서 좌선룡(左旋龍)으로 들어진다. 그리고 요성(曜星)이 붙어 있어서 진행하던 용이 좌선(左旋)의 곡맥(曲脈)을 만들고 있다.[48] 당배귀성(撞背鬼星)이 혈후(穴後) 가까이에 붙어 있어 제2조

---

48) 용맥이 마무리하는 단계에서 지도상의 등고선 표시와 실제 현장의 지표면 상에 나타나는 용맥의 흐름은 다른 경우가 많으므로 주의가 필요하다.

건 역시 충족하고 있다. 당배귀성 뒤쪽에 민묘가 하나 자리하고 있는데 용맥의 배(背) 또는 측면(側面)이 되어 혈이 맺힐 수 없는 비혈지가 된다.

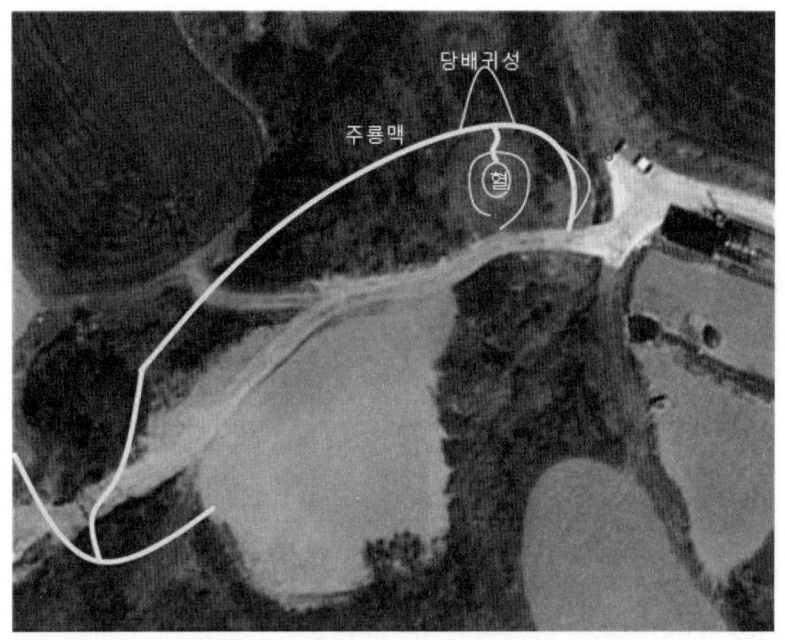

그림12. 안동 오미리 민묘 용맥도(출처;카카오맵)

그리고 진행하던 주룡맥이 횡으로 입수룡을 내려준 후 계속 진행하다가 단절이 된다. 혈장은 주룡맥 쪽으로 당겨져 있기 때문에 제3조건도 충족이 된다. 그렇지만 주룡맥으로부터 횡으로 빠져나와 상하기복(上下起伏) 또는 좌우위이(左右逶迤) 운동을 통하여 3~4절의 변화 과정을 거치지 않기 때문에 제4조건은 충족되지 않는다. 이 묘지는 혈이 주룡맥 쪽에 당겨져 붙은 상태이고 소분맥(小分脈)하여 천심맥(穿心脈)이 혈장으로 들어가면서 좌우의 선익을 펼치고 있는데 이러한 결혈 형태는 연구 목적상 제1유형으로 분류한 바 있다.

제5조건의 충족 여부를 살펴보면, 진행하던 용맥의 마지막 두 번째 가지룡에서 횡룡으로 빠져나와야 하는데 두 번째가 아니라 용맥 마지막 끝에서 횡으로 결혈하였으므로 제5조건은 충족되지 않는다. 따라서 이 묘지는 제4조건과 제5조건을 제외한 나머지 제1조건, 제2조건, 제3조건을 갖추게 된다.

그림13. 안동 오미리 민묘 전면

그림14. 안동 오미리 민묘 후면

2) 괴산 제월리 민묘

괴산 제월리 민묘는 충북 괴산군 괴산읍 제월리에 소재하고 있다. 횡룡입수혈 분석의 5가지 조건이 충족되는지 여부를 살펴보면, 아래의 위성사진에서 보는 바와 같이 이 묘지는 용맥이 좌선하여 마무리하므로 제1조건은 갖추었다. 바위로 된 요성(曜星)이 용맥 좌측에서 밀어주게 되어 좌선하면서 안쪽으로 굽어진다.

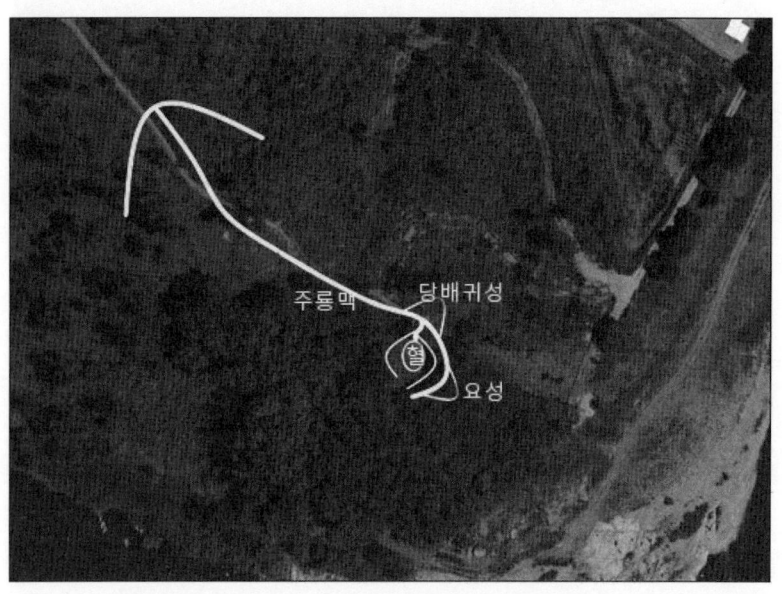

그림15. 괴산 제월리 민묘 용맥도(출처;카카오맵)

혈 바로 뒤에 당배귀성이 붙어 있으므로 제2조건도 갖추게 된다. 현재의 묘지는 혈심(穴心)에서 약간 내려가 있는 상태여서 일부 상혈(傷穴)이 되지만 주룡맥 쪽으로 당겨져 있어서 제3조건 역시 갖추게 된다. 이에 따라 제3조건은 제4조건과 서로 배치되기 때문에 제4조건은 충족이 되지 않는다. 그리고 진행하던 용맥의 마지막 두 번째 가지룡이 아니라 용맥의 제일 끝에서 결혈하였으므로 제5조건도 충족되지 않는다.

따라서 이 묘지는 제4조건과 제5조건을 제외한 나머지 3가지 조건을 충족시키고 있다. 아래의 사진은 괴산 제월리 민묘의 전후 모습이다. 사진상에서도 혈 뒤에 귀성이 붙어 있어서 중간 부분(현무정)이 불룩하게 올라와 있는 것을 볼 수 있다.

그림16. 괴산 제월리 민묘 전면

그림17. 괴산 제월리 민묘 후면

3) 김천 월곡리 민묘

　김천 월곡리 민묘는 경북 김천시 농소면 월곡리에 소재하고 있다. 횡룡입수혈 분석의 5가지 조건이 충족되는지 여부를 살펴보면, 아래의 그림에서 보는 바와 같이 이 묘지는 용맥이 좌선하면서 멈추게 되므로 제1조건을 갖추고 있다. 그리고 혈후에 당배귀성이 붙어 있으므로 제2조건도 갖추고 있다. 현재의 묘지는 혈심에서 약간 내려가 있기는 하나 주룡맥 쪽으로 당겨져 붙어 있어서 제3조건 역시 갖추고 있다. 그리고 이 묘지가 제3조건을 갖추게 됨에 따라 제4조건은 충족이 되지 않으며, 용맥의 끝에서 마무리하게 되므로 제5조건 역시 충족이 되지 않는다.

　따라서 이 묘는 제4조건과 제5조건을 제외한 나머지 3가지 조건을 갖추고 있다. 『지학』에서는 "개구가 약간 큰 것은 그 안에 반드시 선익사가 있는데 아주 얇게 혈을 감싸고 있으므로 이것을 일명 소용호라고 한다."[49]라고 하여 혈장 안에도 작은 청룡과 백호, 즉 사신사를 갖춘 것으로 보고 있다.

---

49) 『地學』, "開口稍大 內必有蟬翼沙 薄薄裹穴 一名小龍虎."

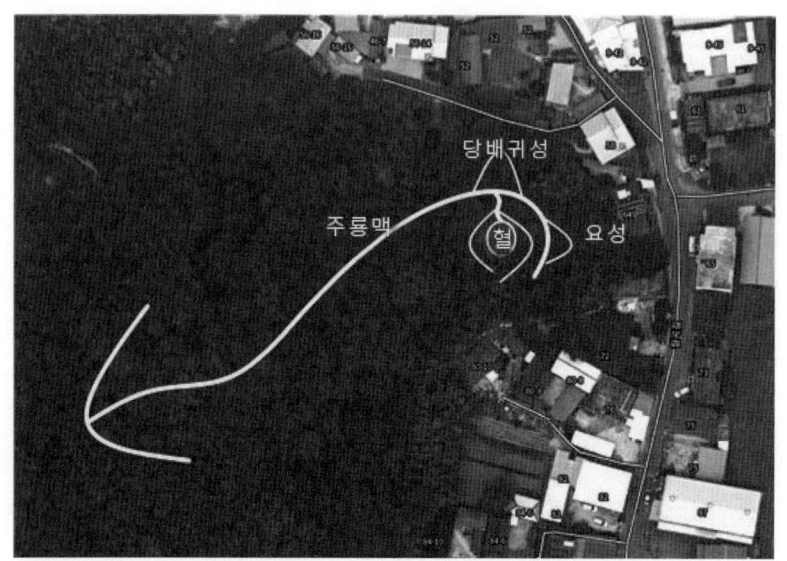

그림18. 김천 월곡리 민묘 용맥도(출처;카카오맵)

횡룡입수혈의 경우 당배귀성의 힘을 받기 위하여 묘지를 주룡맥 쪽으로 당겨써야 하는데 대개 아래로 내려쓰고 있다. 이는 바람의 피해가 우려되어 그 피해를 조금이라도 막아보자는 의도로 보인다. 횡룡입수혈을 찾는 것도 중요하지만 일단 혈자리를 찾았다면 정확한 재혈(裁穴)이 요구된다.

그림19. 김천 월곡리 민묘 전면

그림20. 김천 월곡리 민묘 후면

4) 경주 박달리 민묘

경주 박달리 민묘는 경북 경주시 내남면 박달리에 소재하고 있다. 횡룡입수혈 분석의 5가지 조건이 충족되는지 여부를 살펴보면, 아래의 그림에서 보는 바와 같이 이 묘지는 용맥이 좌선하면서 뚝 떨어지는 용맥의 단절 현상과 함께 마무리하므로 제1조건을 갖추고 있다. 그리고 혈장 뒤에 당배귀성이 붙어 있어서 제2조건도 갖추고 있다. 현재의 묘지는 혈심에서 약간 아래쪽으로 내려가 있기는 하나 주룡맥 쪽으로 당겨져 있으므로 제3조건 역시 갖추게 된다.

그리고 제3조건이 충족되기 때문에 서로 배치가 되는 제4조건은 충족이 되지 않으며, 용맥의 끝에서 마무리하므로 제5조건 역시 충족이 되지 않는다. 따라서 이 묘는 제4조건과 제5조건을 제외한

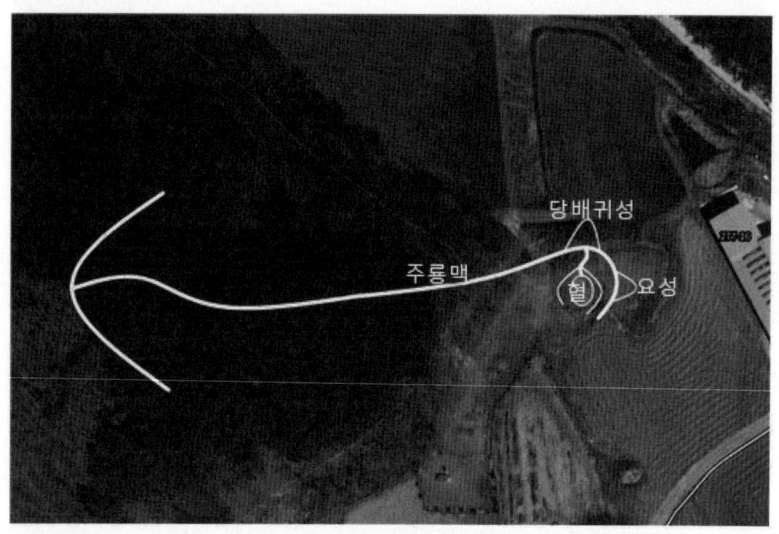

그림21. 경주 박달리 민묘 용맥도(출처;카카오맵)

나머지 3가지 조건을 갖추고 있다.

풍수에서는 혈(穴)이 100%이면, 재혈(裁穴)이 100%라고 했다. 만약, 재혈이 잘못되면 혈을 찾았다 하더라도 발복률이 떨어질 수밖에 없다. 혈을 다 찾아 놓고도 정혈에 집어넣지 못했을 때 입정불입실(入庭不入室)이라고 한다. 입정불입실이란 풍수 답산 현장에서 혈을 다 찾아 놓고도 정혈에 못 집어넣었을 때 하는 말이다. 한자 그대로 풀이하면 마당까지는 갔지만 방에는 못 들어간다는 뜻이다. 만약 혈처를 어렵게 찾아 놓고도 재혈을 잘 못 하거나 실혈을 하여 정혈(正穴, 定穴)에 넣지 못하면 입정불입실이 될 수밖에 없다. 수평적 재혈뿐만 아니라 수직적 재혈[50]을 잘못했을 경우 역시 입정불입실이 된다. 이 묘는 아래로 봉분이 처져 있어서 입정불입실이 되었다.

---

50) 수평적 재혈은 종선(입수와 전순의 연결선)과 횡선(좌선익과 우선익의 만곡된 부분의 연결선)의 가로세로를 맞추는 것이고 수직적 재혈은 천광(穿壙) 시 깊고 얕음(深淺)을 맞추는 것이다. 횡선과 종선이 수평적 재혈이라면 심천은 수직적 재혈이 된다.

그림22. 경주 박달리 민묘 전면

그림23. 경주 박달리 민묘 후면

 횡룡입수혈 제2유형의
결혈 조건 분석

1) 구미 상모동 민묘

구미 상모동 민묘는 박정희 전 대통령 부모 묘로서 경북 구미시 상모동에 소재하고 있다. 제1유형과 마찬가지로 횡룡입수혈 분석의 5가지 조건이 충족되는지 여부를 살펴보면, 아래의 그림에서 보는 바와 같이 이 묘는 용맥이 우선하면서 마무리하여 제1조건은 충족하고 있다. ②분벽점(分擘點)에 당배귀성이 붙어 있어 제2조건 역시 충족하고 있다. 그 외에도 오는 맥인 ①분벽점에 귀성이 붙어 있고 가는 쪽 용맥인 ③분벽점까지 여러 개의 귀사(鬼砂)가 존재한다. 당배귀성 외에도 주룡맥이 내려오는 쪽에 '오는 쪽 귀사'와 주룡맥이 가는 쪽에 '가는 쪽 귀사', 즉 쌍귀(雙鬼)가 존재하고 있으며, 입수룡이 주룡맥에서 90도 방향 전환하여 혈로 입수를 하고 있다.

그리고 제3조건의 경우 진행하던 주룡맥에서 횡으로 낙맥하여 혈이 맺히는데 당배귀성의 힘을 받기 위해서 혈은 주룡맥 쪽에 바짝 당겨야 한다. 그리고 진행하던 주룡맥은 단절 현상이 발생되어야 한다. 그런데 이 묘지는 절수 변화없이 길게 내려가고 있으므로 당겨져야 한다는 제3조건에 부합되지 않는다.

①, ②, ③지점을 차례로 연결하면 'V' 형태가 되므로 이러한 형태는 용맥의 방향 전환 역할을 하는 요도(橈棹)가 된다. ②지점에서는 요도가 형성되고 그 반대편에는 당배귀성이 붙어 있다. 당배귀성 좌우에는 골이 져 있어서 'V' 형태가 뚜렷하게 나타난다. 요도는 혈을 결지할 수 없는 사(砂)이지만 이 묘지는 요도가 우선(右旋)하는 형태로 길게 1절 정도 내려오고 그 하단부에서 수두(垂頭)[51] 형태를 띠며 소분맥(小分脈)[52]하여 결혈하는 것이 특징이다.

횡룡입수혈 제1유형의 경우 당배귀성과 주룡맥이 만나는 분벽

---

51) 『靑烏經』에 "地有佳氣 隨土所起"라 하여 대개 지기가 용맥을 타고 흐르다 좋은 기운이 있으면 용맥이 멈추고 볼록하게 솟아나는 형태를 보이는데 이것이 혈장의 두뇌(입수도두)가 된다.

52) 여기서의 소분맥은 진행하던 용맥에서 횡락하면서 개장하여 입혈맥(천심맥)과 좌우 선익을 형성하는 단계이다. 이러한 소분맥으로 좌우에 선익이 형성되고 선익 중의 하나가 혈 앞까지 이르러 전순을 형성하고 있어 와(窩) 형태이므로 혈형사격(穴形四格) 중 '와혈'로 보았다.

점, 즉 현무정의 높이는 좌우의 입력처나 출력처보다 높다. 이에 비하여 제2유형은 당배귀성 분벽점인 ②번보다 가는 쪽 용맥의 귀성이 붙어 있는 ③분벽점이 높게 나타난다. 그래서 용맥의 힘은 당배귀성 1차적으로 처줌으로써 대부분 아래로 내려가고 나머지의 여기(餘氣)가 계속 진행하게 된다. ③분벽점 쪽으로 흐르는 여기는 '가는 쪽 귀사'에서 막히게 되므로 역(逆)으로 ②분벽점으로 기운을 돌려보내게 된다. 이 돌려진 기운은 당배귀성이 2차적으로 뒤에서 쳐서 아래로 밀어주는 지기 흐름의 프로세스를 가지는 것으로 판단된다.

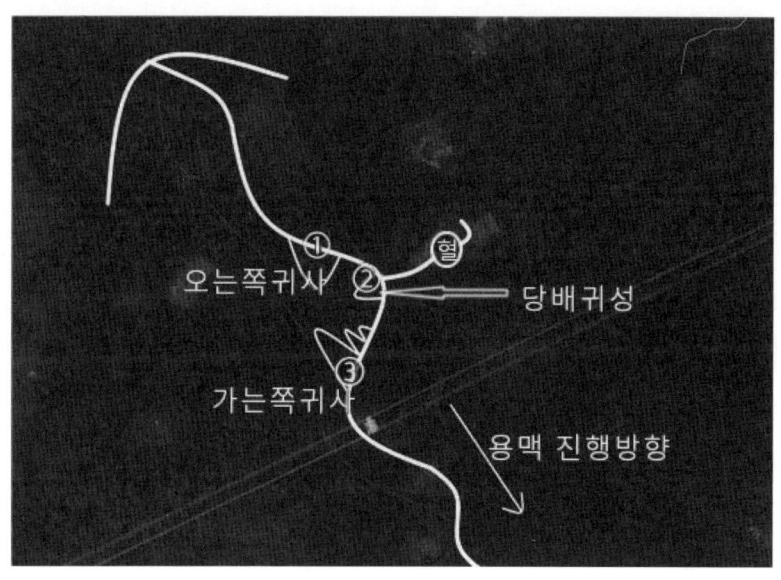

그림24. 구미 상모동 민묘(출처;카카오맵)

이 묘지는 주룡맥 쪽으로 당겨져 붙어 있지도 않고, 상하기복 또는 좌우위이 운동 없이 요도성맥으로 길게 1절 정도 내려가다 결혈하는 형태를 띠고 있어서 제4조건은 충족이 되지 않는다.

　혈로 들어가는 입수룡은 ②분벽점에서 시작하여 혈 앞에서 마무리할 때까지 계속 한쪽 방향, 즉 우선룡(右旋龍)으로 틀어져 있는 모습이다. 즉 주룡맥이 내려오는 방향으로 휘어지는 역룡(逆龍)의 형태를 띤다. 만약, 용맥이 한 방향으로 틀지 않고 좌우위이(左右逶迤)하여 운동을 하면 일반적인 직룡입수 형태(횡룡입수혈의 제3유형)를 띠게 된다. 이 묘지에서 특히 주목할 부분은 오는 쪽 맥의 ①분벽점(오는 쪽 귀사)에서 ②분벽점까지의 거리는 약 25m, ②분벽점에서 가는 쪽 맥의 ③분벽점(가는 쪽 귀사)까지는 약 65m, ②분벽점에서 혈까지의 거리는 약 70m 정도의 거리를 두고 있다. 당배귀성이 붙어 있는 ②분벽점을 기준으로 가는쪽 맥의 ③분기점과 혈장까지는 거의 비슷한 거리를 유지한다.[53]

---

53) 줄자를 가지고 실측하였으나 지표면이 고르지 않고 수목이 밀집되어 있는 곳이 많아서 세밀한 단위까지 거리 측정이 어려워 5m 단위로 거리를 측량하였으므로 실제 거리와 오차가 있을 수 있다(이하 같음). 용맥 길이의 정밀한 수치를 얻기 위하여 측정하려는 것이 아니라 당배귀성이 있는 분벽점을 기준으로 하여 '오는 쪽 귀사', '가는 쪽 귀사', 묘지까지의 거리 간에 어떤 자연의 법칙과 질서가 있는지를 비교하기 위하여 대략적으로 측정한 것이다.

진행하던 용맥의 마지막 두 번째 가지룡에서 횡룡으로 빠져나와야 되는데 이 묘는 용맥이 진행하던 중에 요도(橈棹) 형태로 횡락(橫落)하고 있다. 그리고 ③분벽점에서 행룡(行龍)을 완전히 멈추는 것이 아니라 ②분벽점으로 기운을 밀어준 후 다시 행룡을 하게 된다. 즉 ③분벽점에서부터 우선룡으로 진행하는 맥은 방맥(傍脈)이 된다. 따라서 제5조건은 충족되지 않고 있다.

이러한 행룡 형태는 제1유형에서 용맥이 완전히 마무리하여 멈추는 것과도 비교가 된다. 제1유형의 경우 당배귀성과 주룡맥이 만나는 분벽점(현무정) 부분이 높고 이 지점을 지나면서부터 점차 낮아져 마무리하지만 제2유형은 반대로 당배귀성과 주룡맥이 만나는 ②분벽점은 높이가 낮아졌다가 '가는 쪽 귀사' 분벽점으로 갈수록 높아지는 질서를 보이고 있다.

횡룡입수혈 제2유형의 경우는 용맥이 진행하는 중도에 주룡맥과 당배귀성이 있는 분벽점에서 횡락하여 내려오다 갑자기 결혈하는 섬룡입수(閃龍入首) 형태를 띠게 된다. 여기서 섬룡입수란 결혈 장소가 아닌데도 불구하고 눈 깜짝할 사이에 혈이 맺히는 괴혈(怪穴)을 말한다. 제2유형의 경우 혈이 결지될 수 없는 요도성맥(橈棹性脈)이지만 일정한 조건을 갖추게 되면 갑자기 결혈이 되므로 섬룡입수라고 하는 것이다. 섬룡입수가 괴혈이지만 괴혈 역시 혈의 증거가 되는 혈증(穴證)이 있어야 한다.

결과적으로 이 묘지는 제1조건과 제2조건은 갖추고 있으나 나머지 3가지 조건은 충족을 못 시키고 있다. 아래의 사진은 구미 상모동 민묘이다. 위쪽 쌍분이 박정희 전 대통령의 조부모 묘, 아래쪽 쌍분이 부모 묘인데 원으로 표시된 묘지에 혈이 맺히고 있다.

그림25. 구미 상모동 민묘 전면

그림26. 구미 상모동 민묘 후면

2) 구미 송림리 민묘

구미 송림리 민묘는 경북 구미시 고아읍 송림리에 소재하고 있으며 김관용 전 경북도지사의 조부모 묘로 알려져 있다. 이 묘지는 군부대 내에 있는 관계로 군부대의 허락과 군 관계자의 동행 아래 답산이 가능하다. 횡룡입수혈 분석의 5가지 조건이 충족되는지 여부를 살펴보면, 아래의 그림에서 보는 바와 같이 이 묘지는 용맥이 좌선 마무리하여 제1조건은 갖추고 있다. 그리고 ②지점에 당배귀성이 혈후에 바짝 붙어 있어 제2조건 역시 충족되고 있다. 오는 쪽 주룡맥인 ①분벽점에 귀사가 붙어 있고 가는 쪽 맥인 ③분벽점에도 귀사가 붙어 있어서 쌍귀를 형성하고 있다.

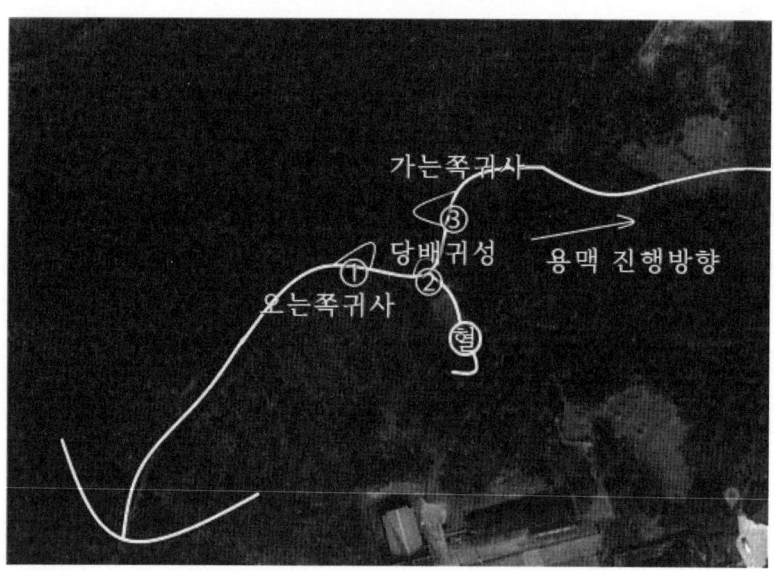

그림27. 구미 송림리 민묘 용맥도(출처;구글지도)

그다음 제3조건의 경우 위 경북 구미 상모동 민묘처럼 진행하던 주룡맥에서 횡락하여 절수 변화없이 약간 길게 1절 정도 내려가서 결혈하고 있으므로 주룡맥 쪽으로 바짝 당겨져 있어야 한다는 제3조건과 배치가 된다. 분벽점 ①, ②, ③을 차례로 연결하면 'V' 형태가 되며, 당배귀성 좌우에는 골이 져 있다. 가는 쪽 맥의 ③분벽점이 ②분벽점보다 높이가 높게 나타나고 있다.

이 묘지는 상하기복 또는 좌우지현 변화 없이 1절 정도 요도성 맥으로 내려오다 결혈하였으므로 3~4절의 변화 과정을 거쳐야 한다는 제4조건은 갖추지 못하고 있다. 주룡맥은 ②분벽점에서 시작하여 전순 앞에 마무리할 때까지 좌선하고 있으며, 오는 쪽 주룡맥의 ①분벽점에서 ②분벽점까지의 거리는 약 25m, ②분벽점에서 가는 쪽 맥의 ③분벽점까지는 약 20m, ②분벽점에서 혈까지의 거리는 약 20m이다. ②분벽점으로부터 ③분벽점까지의 거리와 혈까지의 거리는 거의 동일한 간격을 보여주고 있다.

용맥의 마지막 두 번째 가지룡에서 횡룡으로 빠져나와야 하는데 주룡맥이 지나가는 중간에 요도성으로 분맥한 상태로 내려가므로 5조건은 충족되지 않는다. 따라서 이 묘지의 경우 제1조건과 제2조건은 갖추고 있으나 나머지 3가지 조건에는 충족이 되지 않고 있다.

그림28. 구미 송림리 민묘 전면

그림29. 구미 송림리 민묘 후면

3) 남양주 김번 묘

남양주 김번 묘는 경기도 남양주시 와부읍 덕소리에 소재하고 있다. 횡룡입수혈 분석의 5가지 조건이 충족되는지 여부를 살펴보면, 아래의 그림에서 보는 바와 같이 용맥이 우선(右旋) 마무리하여 제1조건은 갖추고 있다. 다만, 묘역 단장 작업으로 인하여 과거보다 형질이 많이 변경되어 묘 앞의 용맥 꼬리부분이 우선하지 않고 앞으로 빠져나가는 모양을 보이고 있지만 전체적으로는 우선하여 마무리하고 있다. 그리고 ②지점에 당배귀성이 혈후에 붙어 있어 제2조건 역시 충족이 된다. 오는 쪽 입력처의 ①분벽점에 귀사가 붙어 있고 가는 쪽 출력처인 ③분벽점에도 역시 귀사가 여러 개 붙어 있어 오는 쪽 맥과 가는 쪽 맥의 양쪽에 모두 귀성이 붙어 있는 모습이다.

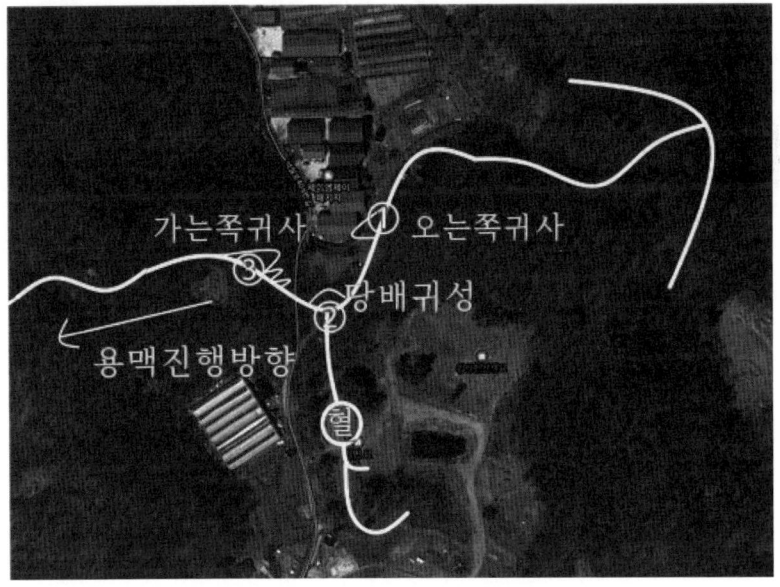

그림30. 남양주 김번 묘 용맥도(출처;카카오맵)

주룡맥에서 횡락하여 절수(節數)의 변화 없이 1절 정도 요도성 맥으로 내려가서 결혈하고 있으므로 바짝 뒤로 당겨져야 한다는 제3조건은 충족이 되지 않는다. 분벽점 ①, ②, ③을 차례로 연결하면 'V' 형태가 된다. 당배귀성 좌우에는 골이 져 있으며, 가는 쪽 용맥의 ③분벽점이 당배귀성 분기점인 ②번 보다 높이가 높게 나타난다. 육안으로 식별하여서는 ③분벽점이 낮게 느껴질 수도 있으나 전체적으로 용맥의 흐름이 ②지점을 거치면서 약간 낮아졌다가 계속 높아지는 것을 볼 수 있다.[54]

이 묘지의 혈은 상하좌우 변화 없이 1절 정도 요도성 맥으로 내려가다 결지하고 있으므로 제4조건에는 맞지 않는다. 입수룡은 ②분벽점에서 시작하여 혈을 지나 자기안(自己案)을 형성한 후 우선(右旋)하여 마무리하고 있는데 오는쪽 맥의 ①분벽점에서 ②분벽점까지의 거리는 약 60m, ②분벽점에서 가는 쪽 맥의 마지막 귀

---

54) 제1유형의 경우 주룡맥과 당배귀성이 만나는 지점(현무정)을 정점으로 점점 낮아지고 제2유형은 김번 선생 묘와 같이 혈무정 부분에서 약간 낮아졌다가 높아지는 경우도 있지만 대체적으로 '가는 쪽 귀사'까지는 당배귀성 분기점에서부터 점차적으로 높아져 가는 경향을 보인다. 여기 묘지의 경우 가는쪽 맥이 도로개설로 인하여 용맥이 많이 훼손되어 착시 현상이 일어날 수도 있다.

성[55] ③분벽점까지는 약 55m, ②분벽점에서 혈까지의 거리는 약 50m 정도의 거리를 두고 있다. ②지점을 기준할 때 '가는 쪽 귀사'까지의 거리와 혈까지의 거리는 유사하게 나타난다.

요도성맥으로 분맥한 상태에서 상하 변화 또는 기복 변화 없이 1절 정도 내려가다가 용맥이 멈추면서 결혈하고 있으므로 5조건은 충족되지 않는다. 따라서 이 묘는 제1조건과 제2조건은 충족하고 있으나 나머지 제3~제5 조건은 충족되지 않고 있다.

그림31. 남양주 김번 묘 전면

---

55) 경북 구미 상모동 민묘처럼 가는 쪽 맥에 여러 개의 귀성이 붙어 있을 수 있다. 이처럼 귀성의 개수가 여러 개 있을 수 있으며, 크기나 모양이 따라 용맥의 역량이 다를 수 있지만 거리의 측정은 가는쪽 마지막 귀사를 기준으로 한다.

그림32. 남양주 김번 묘 후면

 # 횡룡입수혈 제3유형의 결혈 조건 분석

 귀사(鬼砂)나 낙사(樂砂)의 힘으로 횡락한 용맥이라도 여러 절의 상하기복과 좌우위이 변화를 거친 경우 독자적 지위를 확보하여 결혈될 수 있다. 이는 귀사나 낙사의 힘이 미치는 것이 아니라 변화 과정에서 새로운 기운이 형성되었기 때문이다. 대부분의 풍수 고전에서는 횡맥(橫脈)이 입수한 결혈처의 혈후(穴後)에는 귀사나 낙사가 있어야 한다는 조건을 내세우고 있지만 직룡으로 당배하여 내려 온 경우에는 귀사나 낙사를 논하지 않는다고 하였다.[56] 이는 횡룡입수 중에서 제1유형이나 제2유형에 귀사나 낙사가 필요하다는 것이지 횡으로 방향 전환을 하였더라도 일정 거리

---

56) 『人子須知』, 「砂法」, "撞背來龍結 及穴星起頂者 皆不論樂(당배내룡으로 결혈하거나 혈성이 기봉한 경우에는 낙산을 논하지 않는다)". 『雪心賦辯訛正解』, "至穴山背後惟直龍結穴無鬼(혈산배후가 직룡이면 귀사가 없어도 결혈이 된다)".

를 움직이면서 내려가는 용맥은 당배귀성이나 낙산(樂山)이 영향을 미치지 못한다는 점이다. 몇 절의 상하기복과 좌우위이[57] 변화를 거쳐 내려갈 경우 변화 과정을 거치면서 새로운 기운이 형성되어 독립된 용(龍)이 된다. 다시 말하면 직룡입수는 내룡(來龍) 자체가 등을 쳐서 기운이 혈로 들어가게 하므로 당배귀성이나 낙산의 도움을 필요로 하지 않는다. 이러한 형태가 바로 횡룡입수혈의 제3유형이다.

횡룡입수혈의 제3유형도 더 들어가서 세분하면 3가지 형태로 분류해 볼 수 있다. 첫째, 아래의 그림에서 보는 바와 같이 요도성맥으로 3~4절 횡락하여 내려오는 형태이다. 제2유형과 지형이 거의 유사하다. 횡룡으로 횡락하는 데 있어서 귀성이 붙어 있는 경우와 귀성이 붙어 있지 않고 앙와(仰瓦) 형태를 띠는 경우가 있다. 횡룡입수혈의 제2유형과 비슷한 모습을 보이지만 제2유형이 요도성맥으로 1절 정도 내려가서 결혈하는 형태라면 이 유형은 요도성맥으로 출발한 후 3~4절 내려가서 결혈되는 것이 차이점이다. 이 형태가 횡룡입수혈의 제3유형에서 가장 보편적으로 나타나는 용맥의 질서라 볼 수 있다.

---

[57] 필자는 용맥의 덩어리가 크고 좌우 변화의 폭이 넓으면 지현(之玄)이라고 하고 상대적으로 용맥이 작고 좌우 변화의 폭이 좁으면 위이(逶迤)아고 한다. 통상 현무정(玄武頂)을 기준으로 그 이전의 용맥 변화는 좌우지현 운동, 현무정으로부터 혈까지의 용맥 변화는 좌우위이 운동으로 구분하고 있다.

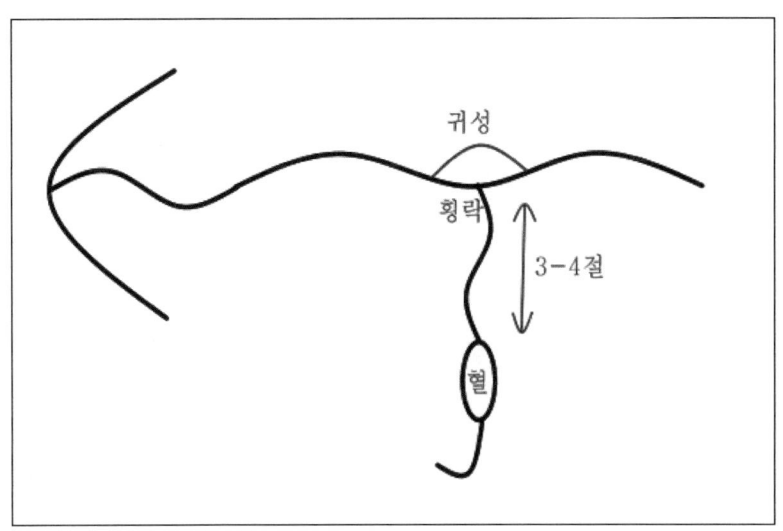

그림33. 요도성맥으로 횡락하는 용맥도

둘째, 주룡맥에서 익(翼)으로 횡락하여 3~4절 내려가는 형태이다. 아래의 그림에서 보는 바와 같이 주룡맥이 진행하면서 그 안쪽에 가지룡이 하나 뻗어나가는데 현장에서는 이것을 익이라고 한다. 주룡맥은 가지룡에서 결혈된 혈의 좌측에 있으므로 청룡을 형성하게 된다.

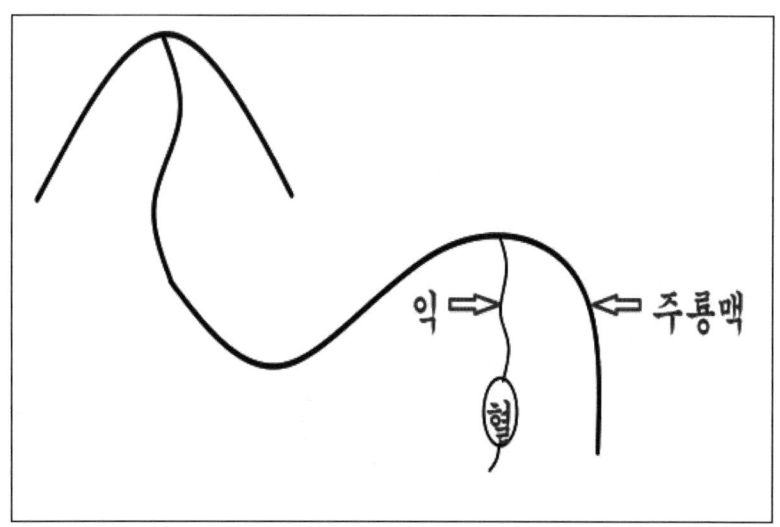

그림34. 익으로 횡락하는 용맥도

위 그림 34와 같이 익으로 내려가서 결혈하는 형태와 아래 그림 35와 같이 주룡맥이 내려가서 결혈할 수도 있다. 자연에서 보면 두 지형의 형태가 유사해 보이지만 산의 진행 질서는 완전히 다르게 나타난다.

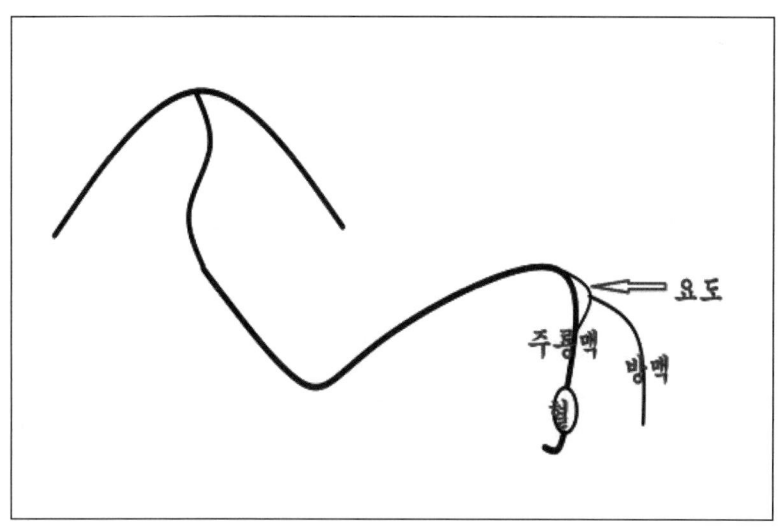

그림35. 주룡맥과 방맥의 구분

위 그림에서 보는 바와 같이 주룡맥이 단절되듯이 뚝 떨어지거나 측면에 요도(橈棹)가 붙어서 방향이 틀어진다. 주룡맥이 방향전환을 한 후 그다음부터 옆으로 다시 출발하는 맥은 방맥(傍脈)이 된다. 방맥의 경우는 바로 결혈 조건을 갖추지 못하고 3~4절의 상하기복 운동 또는 좌우위이 운동을 거쳐야만 새로운 기운이 형성되어 주룡맥의 지위를 확보하게 된다. 현장에서는 용맥이 계속 진행하는 것으로 보이기 때문에 이 방맥을 정맥 또는 주룡맥으로 오판할 수 있다. 그래서 익과 주룡맥, 주룡맥과 방맥의 질서를 확실하게 구분할 줄 알아야 한다. 이것이 산의 질서를 읽을 줄 아는 간룡(看龍)의 기술이 된다. 혈은 주룡맥이나 익이 있는 곳에서 찾아야지 요도나 방맥과 같은 엉뚱한 지형에서 찾아서는 안 된다.

익(翼)이란 현장 답산에서 주로 사용하는 용어로서 횡룡입수혈의 제5조건(용맥의 마지막 두 번째 가지룡이 횡룡으로 빠져 나온 형태)과 유사하다. 원래 익이란 아래의 그림에서 보는 바와 같이 청룡 또는 백호 안에 날개처럼 나온 산줄기를 의미한다. 비록 가지룡(익)처럼 안으로 들어오는 것 같이 보이더라도 청룡과 백호가 배를 내밀고 비주(飛走)하는 경우는 익이 아니라 요도(橈棹)가 된다. 그래서 이런 지형을 보고 좌우의 청룡과 백호가 안으로 들어온다고 해서는 안 된다. 익은 속청룡 또는 속백호라고도 한다. 청룡 또는 백호의 가장 센 맥이 주룡맥이 되고 익은 가지룡이 되어 기운(물)을 거두어 주는 역할을 한다. 그래서 제5조건처럼 주룡(主龍)이 마지막에서 틀어질 때 그 안에서 90도 정도로 횡락으로 내려가는 가지룡도 익이라고 할 수 있다.

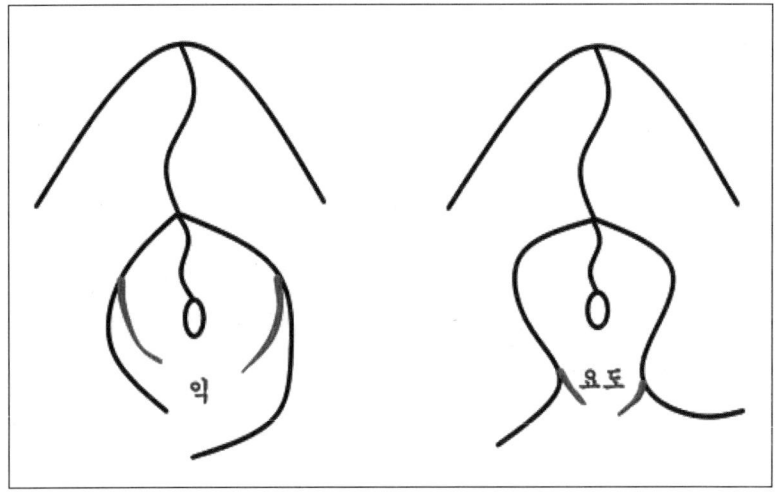

그림36. 익과 요도의 구분

이왕 말이 나온 김에 익(翼)에 대하여 좀 더 살펴보면, 익은 하나 또는 여러 개 있을 수 있다. 아래의 그림과 같이 청룡과 백호 사이에 익이 여러 개 나오면 서로 손가락 깍지 끼듯이 구곡수(九曲水)[58]를 이루게 된다. 청룡이나 백호의 중간에서 나온 맥이라도 요도인지 익인지를 잘 구분해야 한다. 요도가 되면 청룡과 백호가 들어오는 게 아니라 밖으로 밀려 나가게 되며, 익이 되면 안으로 들어오게 된다. 이러한 원리를 모르고 요도를 들어오는 것으로 보면 풍수적 해석이 완전히 달라진다.

---

58) 구곡수는 물길이 이리저리 굽어져서 흘러가는 형태를 말한다. 구곡수는 수구를 겹겹이 관쇄시켜 명당 안의 생기가 새어 나가지 못하게 한다. 9라는 숫자는 아홉 번이라기보다는 많다는 것을 의미한다.

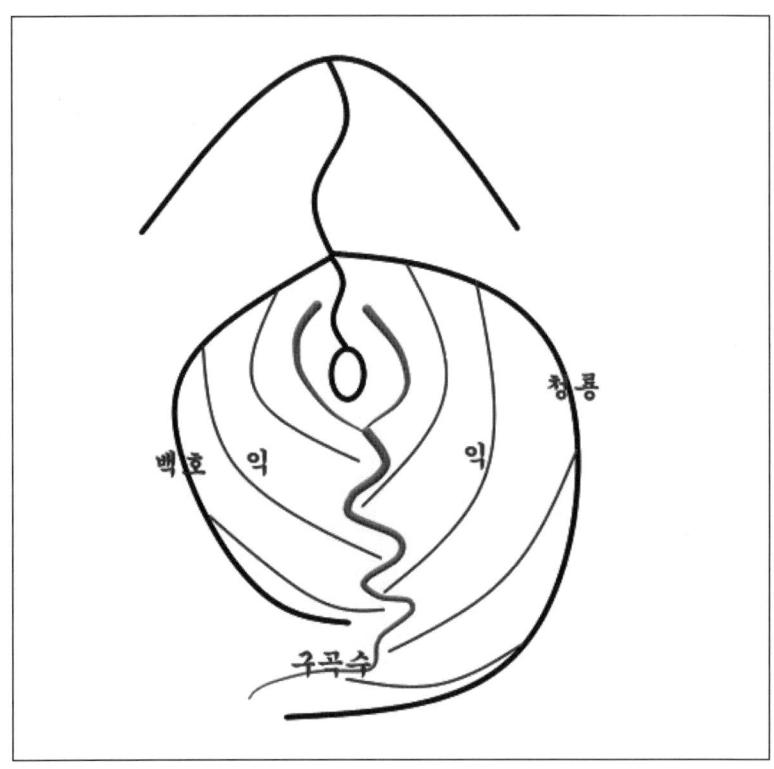

그림37. 익과 구곡수

 현장에 가면 풍수답산 경력이 많은 사람조차도 익과 요도를 분간하지 못하는 것을 볼 수 있다. 요도를 가리키며 맥이 들어오는 것인지 아니면 나가는 것인지 물어보면 대부분 용맥이 들어온다고 답한다. 주룡을 밀어주는 사(砂)는 익이 아니라 요도가 되는데도 불구하고 반대로 판단을 한다.

셋째, 'C'자형 곡맥(曲脈)으로 입수하는 형태이다. 아래의 그림에서 보는 바와 같이 'C'자형 곡맥은 주룡맥 자체가 90도 정도로 휘어져서 입수하는 경우이다. 주룡맥이 곡맥으로 입수한 후 옆으로 방맥이 다시 나갈 수도 있고 방맥이 나가지 않고 그 자리에서 완전히 마무리할 수도 있다. 위 그림 35와 거의 같은 형태의 지형이다.

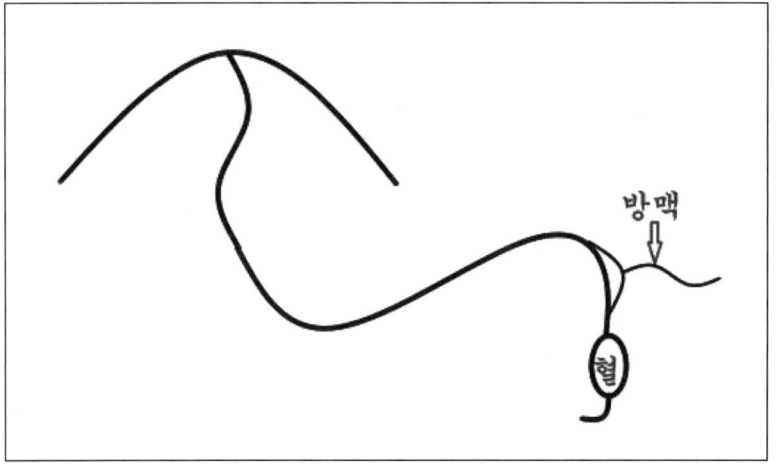

그림38. 'C'자 곡맥의 용맥도

자연 상태에서 용이 진행하다가 곡맥의 굴곡도가 갑자기 커지면 거의 90도 정도로 틀어지기 때문에 횡룡의 형태를 보인다. 그래서 형질변경이 심한 지형에서는 90도 틀어지는 'C'자형 곡맥이 회룡 또는 직룡입수인지 아니면 횡룡입수인지 분간이 어려울 수가 있다. 자연 상태로 보존되었으면 이를 정확히 구분할 수 있으나 묏자리를 쓰거나 양택을 짓게 되면 지형이 훼손되어 구분이 쉽지 않다.

참고로 살펴보면 운동하는 입수룡의 형태는 2가지가 있다. 그것은 아래의 그림과 같이 'S'자형과 'C'자형 곡맥으로 구분할 수 있다. 이 두 형태의 구분 실익은 운동성과 힘의 세기가 다르다는 데 있다. 'S'자형이 'C'자형보다 상대적으로 순간적인 힘이 강하고 활동적이라고 볼 수 있다.

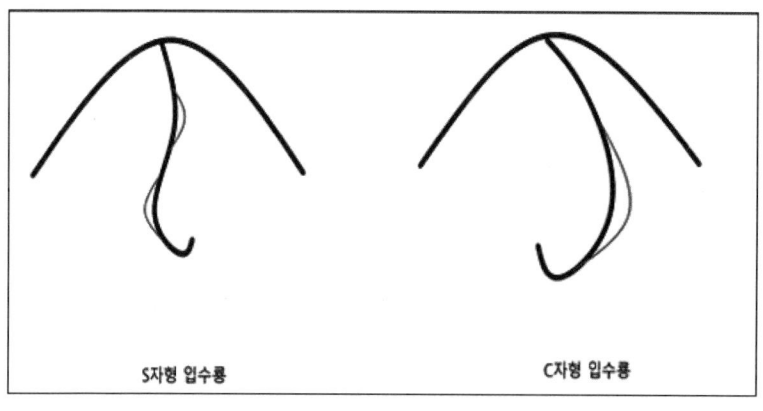

'S'자형은 선룡이 좌선에서 우선으로 또는 우선에서 좌선으로 순간적으로 방향을 전환하기 때문에 그만큼 민첩하고 강한 힘을 발휘할 수 있다고 본다. 'C'자형 곡맥의 경우는 한 방향으로만 우직하게 움직이기 때문에 지구력은 우위에 있으나 힘의 순간적 강도나 순발력 면에서 뒤진다. 풍수에서는 산을 살아있는 유기체로 보기 때문에 움직이는 모습을 보고 살아 있는 생물의 운동에 비유해 보았다.

용이 'S'자 형태로 움직이든 'C'자 형태로 움직이든 무조건 그

끝은 'J'자 모양을 갖추어야 한다. 'J'자의 아래 둥근 부분을 현장에서는 '시울'[59]이라고 한다. 이처럼 'J'자 형태의 용맥을 강조하고 있는 것은 선룡의 기준은 출발선이 아니라 낚싯바늘처럼 생긴 마지막 끝에서 결정되기 때문이다. 그리고 용은 한쪽의 힘이 강하면 'S'자 형태나 'C'자 형태로 움직이고 좌우가 균등한 직룡은 일자 형태로 곧게 진행하는 모습을 보인다. 그래서 풍수에서는 양쪽이 균등하여 변화가 없이 쭉 뻗어 있는 형태의 용을 사룡(死龍)이라고 하는 것이다. 우리나라의 산은 대부분 'S'자 형태나 'C'자 형태로 진행한다고 볼 수 있다.

용맥이 'S'자 형태나 'C'자 형태로 움직인다는 것을 알려면 편룡(偏龍)과 선룡(旋龍)의 이해가 필요하다. 편룡이란 용(龍)의 한쪽은 살(흙)이 많이 붙어서 밀어주고 반대편은 상대적으로 살(흙)이 적어서 급하고 굴곡이 생겨서 좌우 균형이 맞지 않는 용을 말한다. 용의 좌우 균형이 맞지 않으면 한 방향으로 휘어지게 되는데 이것을 선룡(旋龍)이라고 한다.

---

[59] '시울'이란 답산 현장에서 사용하는 용어이다. 사전적으로는 약간 굽거나 휘어진 부분의 가장자리를 말하는데 흔히 눈이나 입의 언저리를 이를 때에 쓰는 말이다. 그래서 입술을 입시울이라고 하며, 눈은 눈시울이라고 한다. 즉 현장에서 보면 지형이 끊어지지 않고 빈틈없이 어느 한 방향으로 둥그렇게 돌아가는 윤곽을 말한다.

아래의 그림에서 보는 바와 같이 편룡이 용의 좌우가 불균등한 정적인 상태를 표현한 말이라면 선룡은 편룡에 의해 한 방향으로 움직이는 동적인 상태를 표현한 말이라고 할 수 있다. 그래서 용이 좌에서 출발하여 우측에서 꼬리가 멈추면 좌선룡(左旋龍), 그 반대이면 우선룡(右旋龍)이 된다. 우리나라의 모든 산은 좌우의 편차는 조금씩 다르겠지만 좌우가 불균등한 편룡으로 이루어졌다고 볼 수 있다.

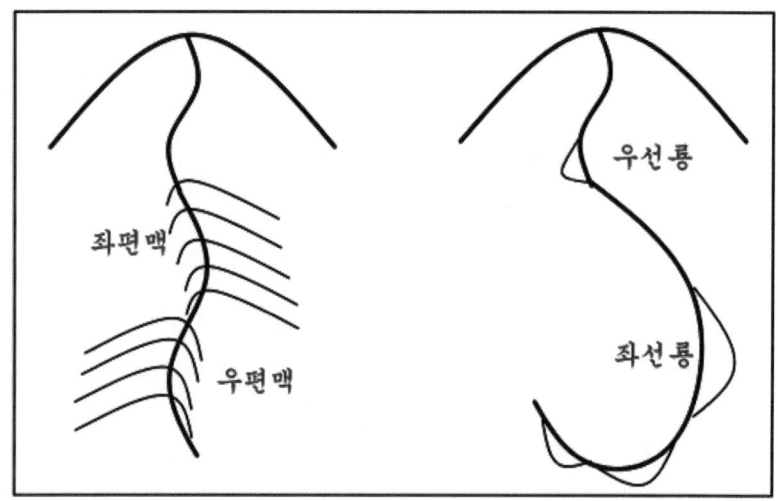

그림40. 편룡(편맥)과 선룡의 용맥도

편룡은 편맥(偏脈)이라고도 하며, 반대로 좌우 균형을 이룬 용은 정룡(正龍) 또는 정맥(正脈)이라고 한다. 혈이 결지되려면 한 방향으로 틀어서 멈추어야 하는데 정룡은 직룡(直龍)이 되어 곧장 뻗어나가서 기운이 설기(泄氣)된다. 하지만 좌우 어느 한 방향으로 틀어지는 것은 선룡이 되는데 선룡의 형태가 'J'자 모양으로 끝이 마무리되면 그 뒤에서 결혈된다. 용이 마무리된다는 것은 용의 꼬리(根底)가 90도 이상 틀어진다는 것을 의미한다. 용이 틀어지는 각도가 90도 이하가 되면 기운이 멈추지 않고 내려가게 된다.

한 방향으로 틀어서 멈추는 용맥을 'J'자 용맥이라고 했는데 이것이 형성되려면 당연히 한쪽 부분에서는 살(흙이나 바위)이 많이 붙어서 밀어주고 반대편은 살이 없고 급해서 굽어지게 된다. 용의 좌우가 균등하지 않고 한쪽이 강하면 그 반대 방향으로 휘어지게 되는데 이러한 용맥을 편룡 또는 선룡이라 부른다.

입수 6격 중 직룡입수가 있는데 현장에서는 입수룡이 직룡으로 들어가는 것을 볼 수 없다. 혈이 되려면 'J'자 형태로 틀어져야 하기 때문이다. 엄밀히 따지면 직룡입수가 아니라 한쪽의 힘은 강하고 한쪽의 힘은 약한 편룡입수(偏龍入首)가 된다. 즉 한 쪽의 힘으로 용이 좌측 또는 우측으로 틀면서 용 머리가 혈로 들어가는 것이므로 선룡입수(旋龍入首)라는 표현이 옳다고 본다.

아울러 입수 6격의 모든 입수룡은 좌우가 균등한 것이 아니라 한쪽의 힘은 강하고 한쪽의 힘은 상대적으로 약하여 틀어지면서 움직이므로 선룡입수가 전제되어야 한다. 그러므로 결혈처에서는 직룡입수의 형태는 찾아볼 수 없다. 다만, 용맥의 형태를 거시적으로 크게 보아서 직진하는 직룡의 형태를 보이고 있으므로 직룡입수라고 부를 뿐이다.

제4장

횡룡입수혈의 유형별 결혈 특징

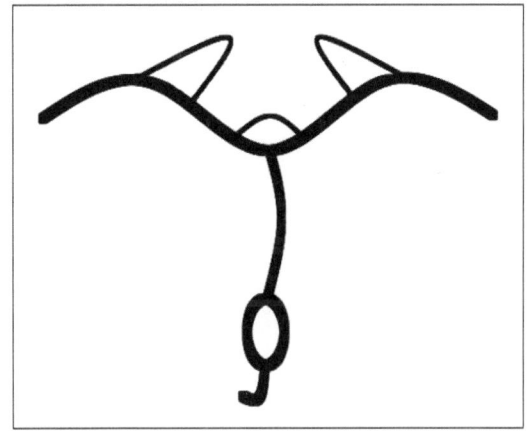

　이상과 같이 횡룡입수의 3가지 유형별 형태에 대하여 분석한 결과 각각 결혈조건이 다른 것으로 확인되었다. 유형별 결혈조건이 상이함에 따라 주룡맥으로부터 혈로 들어가는 지기의 입력 원리 역시 다르게 나타난다. 먼저 유형별 횡룡입수의 결혈 조건을 살펴보면, 현재 보편적 횡혈의 결혈 조건으로 인식되고 있는 5가지 조건 중에서 제1유형의 경우 제1조건~제3조건은 충족하고 있으나 제4조건과 제5건은 충족되지 않는다. 따라서 횡룡입수혈 제1유형의 결혈조건은 다음과 같이 3가지로 정리할 수 있다.

　첫째, 용맥이 진행하다가 횡락 후 가는 쪽 맥이 좌선 또는 우선으로 마무리하면서 단절되듯이 떨어져야 한다. 만약, 가는 쪽 용맥이 떨어지지 않고 머리를 들고 계속 진행하게 되면 멈추는 맥이 아니기 때문이다. 용맥이 좌선 또는 우선으로 꺾어지려면 반드시 요성이 붙어서 힘을 밀어주어야 한다.『인자수지』에 의하면 요성은 타탕(拖蕩)과 파조(擺燥) 형태가 있는데[60] 타탕(둥근 형태로 붙어 있는 요성)이 파조(끝이 뾰족한 삼각형 형태로 붙어 있는 요성)보다 상대적으로 용맥의 굴곡도를 높여주고 있다. 파조보다는 타탕의 형태로 붙은 요성이 밀어주는 힘이 강하여 용맥 회전 각도가 큰 것을 현장에서 확인할 수 있다.

둘째, 혈 뒤에 당배귀성이 붙어야 한다. 혈로 지기(힘)를 내려주기 위해서는 뒤에서 밀어주는 사(砂)가 있어야 한다. 혈 바로 후면에서 등을 치듯이 지기를 내려주고 있으므로 당배(撞背)라는 말을 앞에 붙여서 당배귀성 또는 당배귀사라고 한다.

셋째, 혈은 주룡맥 쪽에 당겨져 있어야 한다. 주룡맥과 당배귀성이 만나는 지점이 현무정(玄武頂)이 되고 횡락하여 조금 내려와서 소분맥(小分脈)을 하여 선익을 좌우로 펼치는 곳이 입수가 된다. 혈이 주룡맥 쪽으로 바짝 당겨져야 하는 이유는 당배귀성의 힘을 받아야 하기 때문이다. 주룡맥 쪽으로 당겨져 있지 않고 더 내려가게 되면 당배귀성의 힘이 미치지 못하게 된다.

아래의 그림에서 보는 바와 같이 좌선룡으로 마무리되는 제1유형 횡룡입수혈이다. 당배귀사와 주룡맥이 만나는 높은 지점이 현무정임에 따라 좌측의 가는 쪽의 출력처는 단절되듯 떨어지는데

---

60) 『人子須知』, 「穴法總論」, 帶曜凡八格.

이 부분은 청룡이 되고 우측에 오는 쪽의 입력처는 백호가 된다. 우선룡의 경우 이와 반대가 된다. 횡룡입수혈의 경우 가는 쪽 맥의 청룡 또는 백호는 가까이 붙어 있어서 일반적인 직룡입수 등의 결혈처보다 상대적으로 근접한 사신사 국면을 만들게 된다. 제1유형에서는 현무정과 입수 역시 거의 붙어 있을 정도로 가깝게 형성된다.

이러한 제1유형의 3가지 조건은 이론적 배경에서 밝힌 바와 같이 용맥의 단절현상 즉 진행하던 용맥이 에너지의 흐름을 매듭짓고 뚝 떨어지거나 끊어져야 한다는 손정고와 이익중의 논리, 횡혈의 4가지 결혈조건[61]을 제시한 이재영 등의 논리와 부합된다.

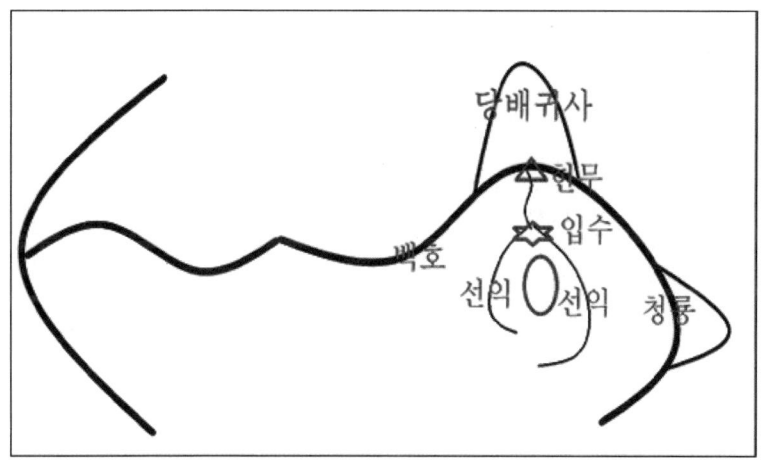

그림41. 횡룡입수 제1유형 좌선룡 평면도

---

61) 결혈의 3가 외에 다른 조건은 '전순이 있어야 한다'는 주장이다. 전순의 경우 혈장을 구성하는 기본요소이다. 이 연구의 대상은 혈장 구성요소가 아니라 결혈원리나 결혈조건을 찾기 위한 것이기 때문에 전순의 유무는 포함하지 않았다.

다음은 횡룡입수혈의 제2유형이다. 제2유형은 제1유형보다 결혈조건이 더 많은 것으로 나타난다. 제2유형의 경우 기본적인 결혈조건 외에도 최소한 8가지 정도의 추가적인 결혈조건을 갖추어야 하는 것으로 분석된다. 그 8가지 결혈조건을 제시하면 다음과 같다.

첫째, 입수룡은 들어오는 쪽의 입력처 방향으로 틀어주면서 마무리하여야 한다. 제2유형의 입수룡은 요도(橈棹)로 출발하는 요도성맥이 되는데 이러한 용맥에서 갑자기 결혈이 된다고 하여 섬룡입수라고 한다. 주룡맥과 당배귀성이 붙어 있는 분벽점에서 횡으로 낙맥한 때에 오는 쪽 맥의 방향으로 좌선(左旋)하면 전순 부분의 마무리 단계에서도 좌선을 해야 하며, 오는 쪽 맥의 방향으로 우선(右旋)하면 역시 끝이 우선하면서 마무리되어야 한다. 만약 오는 쪽 맥의 반대 방향으로 끝이 틀어지면 혈이 맺히지 않는다. 그렇게 되면 용맥의 끝이 물 따라 내려가는 산수동거(山水同去) 형태를 취하기 때문이다. 다시 말하면 횡으로 낙맥한 용이 우선(右旋)을 하는데 묘지가 있는 부분에서 좌선(左旋)해 버리면 좌우로 운동하는 맥로(脈路)가 된다. 입수룡이 우선할 경우 용맥의 우측은 두툼하게 살이 붙고 좌측은 굴하게 되는데 이런 상태가 되어야 용맥

이 한쪽 방향으로 틀어지게 된다.[62]

둘째, 혈 뒤에 당배귀성이 있어야 한다. 당배귀성이 붙어야만 횡으로 힘이 들어갈 수 있다. 당배귀성은 주룡맥으로 진행하던 기운을 뒤에서 쳐줌에 따라 용맥이 횡으로 방향 전환을 하면서 기운이 아래로 내려가게 된다. 일부 횡으로 들어가지 못한 기운 즉, 여기(餘氣)가 계속해서 맥을 타고 진행하는데 출력처의 '가는 쪽 귀사'에서는 이 여기를 역(逆)으로 당배귀성 쪽에 돌려보내고 당배귀성이 횡으로 내려가게 한다.

제1유형의 혈이 결지되려면 당배귀성이 결정적인 역할을 하게 되며, 제2유형의 혈이 결지되려면 당배귀성뿐만 아니라 '가는 쪽 귀사'가 결정적인 역할을 한다. 한마디로 '가는 쪽 귀사'와 당배귀성이 합동작전을 하는 형국이 된다. 실제 주룡맥이 입수룡을 횡락

---

62) 용맥의 흐름은 대체적으로 살(흙)이 많이 붙어 있는 쪽에서 살이 적게 붙어 있는 쪽으로 밀어주어 굽어지게 되는데 밀어주는 쪽은 용맥이 두툼하게 되고 그 반대쪽은 굽어져서 골이 지는 형태가 된다. 살이 많은 쪽은 배(背)가 되고 굴한 쪽은 면(面)이 된다. 즉, 용맥이 회전을 할 때 안쪽이 면이 되고 바깥쪽이 배가 된다. 곡맥으로 회전하는 용은 대개 편룡 모양을 이루게 된다. 그리고 용의 배면은 특정 요소 어느 한 가지만으로 판단해서는 안 되며, 여러 가지 복합적인 면을 고려하여야 한다. 특히 풍수 고전 등에서는 면배를 반대로 보는 경향이 있다. 이는 자연의 질서를 모르기 때문에 그렇게 판단하는 것으로 본다.

시킨 후에 계속 진행하는 형태를 띠지만 '가는 쪽 귀사'에 다다르면 이 지기를 당배귀성 쪽으로 되돌려 보내준다.

　셋째, '오는 쪽 귀사'와 '가는 쪽 귀사'가 있어야 한다. 즉 쌍귀(雙鬼)가 존재하여야 한다. '오는 쪽 귀사'는 기운을 아래로 내려주고 '가는 쪽 귀사'는 용맥이 더 이상 진행하지 못하게 막아줌과 동시에 기운을 역으로 돌려보내는 역할을 한다. 다시 말하면 주룡맥에 흐르는 대부분의 기운을 먼저 당배귀성이 뒤에서 횡으로 밀어주게 된다. 횡으로 들어가지 못한 일부 기운은 맥을 타고 계속 흘러간다. 이 흘러가는 기운은 '가는 쪽 귀사'에서 막히게 되고 '가는 쪽 귀사'가 당배귀성 쪽으로 되돌려주게 되면 당배귀성이 재차 기운을 쳐서 횡으로 들어가게 한다. '가는 쪽 귀사'의 반대편에도 귀사가 붙은 것을 종종 볼 수 있는데 현장에서는 이것을 역귀사(逆鬼砂)라고 부르고 있다. 이 귀사 역시 기운을 돌려주는 역할을 한다,

　제1유형과 비교되는 특징으로는 제2유형의 경우 당배귀성 좌우측으로 골이 있지만 이에 반하여 제1유형은 당배귀성 좌우에 골이 생기지 않고 둥글게 살이 붙어서 혈장 쪽으로 힘을 밀어주고 있는 점이 다르게 나타나고 있다. 이 두 유형의 차이점은 아래의 그림과 같다.

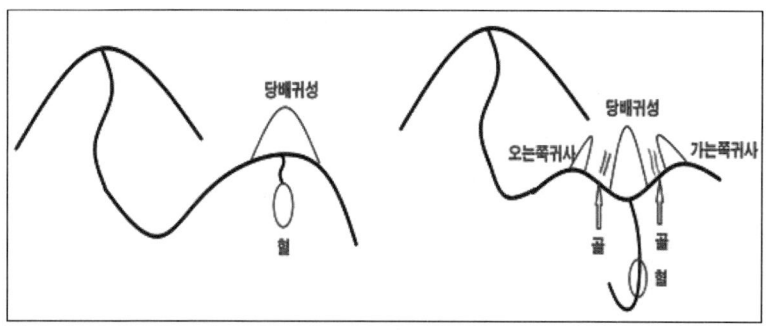

그림42. 제1유형(좌)과 제2유형(우)의 용맥도

넷째, '가는 쪽 귀사' 분벽점에서 당배귀성 분벽점 쪽으로 역기운이 들어가면서 용맥이 좌선 또는 우선하게 된다. '오는 쪽 귀사'와 당배귀성, 당배귀성과 '가는 쪽 귀사'가 붙어 있는 분벽점을 차례로 연결하면 아래의 사진에서 보는 바와 같이 'V'자 형태를 이루게 된다, 이는 역룡의 원리가 적용되는 것으로 '가는 쪽 귀사'가 있는 지점에서 오는 쪽 입력처를 바라보았을 때 혈이 우측에 형성되어 있으면 용맥이 우선을 하게 되고, 혈이 좌측 방향에 형성되어 있으면 좌선하는 모습을 보인다. 그래서 당배귀성이 있는 분벽점에서 낙맥한 입수룡 역시 '가는 쪽 귀사'에서 좌선으로 역기운이 내려가면 횡으로 낙맥한 입수룡은 좌선이 되고, '가는 쪽 귀사'에서 우선으로 역기운이 내려가면 입수룡은 우선하는 용맥의 질서를 보인다.

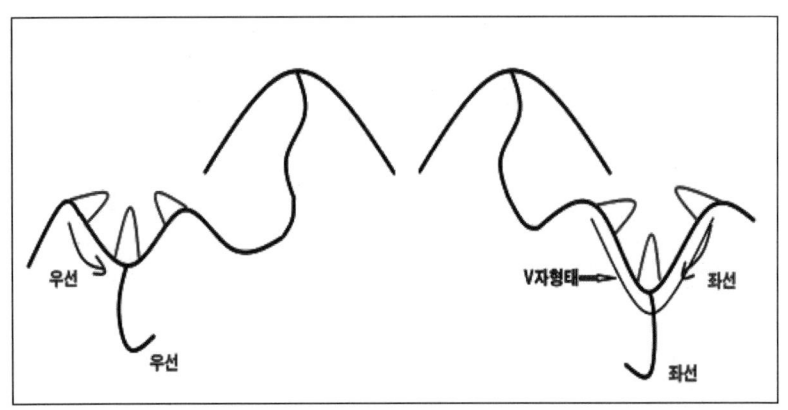

그림43. 제2유형의 용맥 질서(좌측이 우선룡, 우측이 우선룡 결혈)

　다섯째, 당배귀성의 분벽점에서 혈로 내려가는 입수룡은 요도(橈棹) 형태를 띤다. 이것을 요도성맥(橈棹性脈)이라고도 한다. 주룡맥과 당배귀성이 만나는 분벽점을 기준으로 '오는 쪽 귀사'와 '가는 쪽 귀사'를 연결하면 그 모양은 'V'자 형태가 된다. 이러한 형태는 용이 방향 전환을 하는 지형에서 나타나는 현상이다. 용맥이 방향 전환을 하기 위해서는 요도(橈棹)가 붙어서 밀어주어야 한다. 따라서 'V'자 하단부 꼭짓점으로부터 혈로 이어지는 입수룡은 요도(橈棹)가 된다.

풍수 이론에서 요도는 혈이 맺힐 수 없는 맥[63]이라고 하였다. 요도는 기운이 거꾸로 올라가기 때문이다. 혈이 맺힐 수 없는 곳에 혈이 만들어짐으로 일종의 괴혈(怪穴)[64]로 보고 있다. 그리고 혈이 맺힐 수 없는 곳에서 눈 깜짝할 사이에 갑자기 혈이 만들어지기 때문에 섬룡입수(閃龍入首)가 된다. 그래서 섬룡입수를 횡룡입수로 보는 견해[65]도 있다.

여섯째, 요도성맥의 하단부에 결혈되는 혈의 종류는 와혈(窩穴)이 된다. 요도에는 혈이 만들어지지 않는다. 그렇지만 제2유형에서는 요도성맥이 좌선 또는 우선하여 내려가다 그 하단부에서 입수도두를 만들면서 소분맥(小分脈)하여 수두(垂頭) 형태를 띠면서 결혈한다. 아래의 그림은 제2유형의 용맥도이다.

---

63) 일반적으로 용맥을 타고 흐르는 지기는 위에서 아래로 내려 오지만 요도의 지기 흐름은 아래서 위로 올라가게 된다. 요도는 용맥이 행도를 하는데 있어 방향 전환을 할 수 있도록 밀어주는 역할을 하기 때문에 지기의 흐름은 용맥의 흐름과는 반대가 되므로 혈이 형성될 수 없다.

64) 괴혈이라도 혈장을 구성하는 기본 요소(입수도두, 좌우선익, 전순, 혈판)를 갖추어야 한다.

65) 섬룡입수란 용맥 속에 숨이 살짝 뛰어(閃) 혈을 맺는 것으로 두 가지의 경우로 있는데 하나는 종맥(縱脈)이 옆으로 살짝 은미한 진맥(眞脈)이 나와 결혈되는 것이고, 다른 하나는 횡으로 뻗은 용의 옆구리에 은미한 맥이 돋아 이곳에 결혈되는 형태라고 하며, 후자가 횡룡입수에 해당한다. 한중수(1993), 『명당보감』, 한림원, 125쪽.

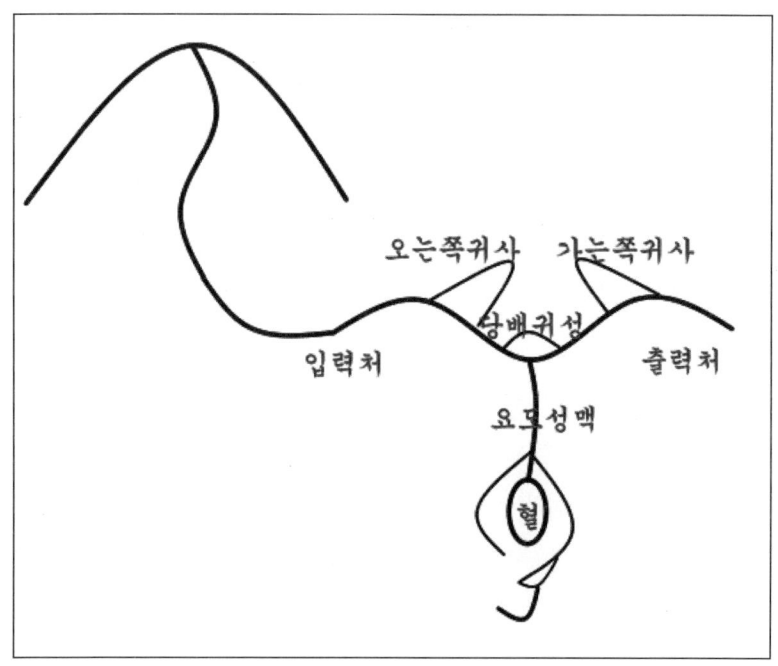

그림44. 제2유형의 용맥도

    주룡맥과 당배귀성이 붙어 있는 분벽점에 대하여 사신사(四神砂)를 배정하면 현무정에 해당된다. 현무는 수두(垂頭)를 하여야 하지만 요도성맥의 특성상 낙맥이 시작될 때는 배를 내밀고 있어 수두 형태가 되지 않는다. 그러나 혈이 있는 하단부에 와서야 수두 형태로 입수도두를 만들면서 소분맥하여 입혈맥(천심맥)이 혈로 들어가고 개장한 사(砂)는 좌우 선익을 만들게 된다. 용맥이 좌선룡일 경우 좌선익이 우선룡일 경우에는 우선익이 전순을 만들어 와혈(窩穴)이 된다.

우리나라 지형에서는 혈의 좌우에 선익이 있는 경우 와혈로 보아야 한다. 혈의 사상(四象)으로 분류 시 양혈(陽穴)로 분류되는 와혈과 겸혈은 좌우에 선익이 있다. 음혈(陰穴)인 유혈과 돌혈의 경우 유혈은 선익이 있지만 몸에 감겨져 있어서 보이지 않고 돌혈은 현침사(懸針砂)가 선익인데 와혈이나 겸혈처럼 연결되어 있지 않고 각각 떨어져 있다. 음혈은 선익이 없거나 선익이 있더라도 양혈과는 다르게 나타난다.[66] 우리나라 풍수계에서는 소쿠리같이 움푹 들어간 지형을 와혈이라고 하는 거 같다. 그런데 이런 지형은 대부분 입혈맥(入穴脈)이 없다. 입혈맥이 없으면 물을 좌우로 가르지 못하여 한마디로 우물과 같다. 우리나라에서 와혈이라고 알려진 유명 묘지 대부분은 비혈지로 보아도 무리가 없다. 왜냐하면 입혈맥이 없기 때문이다.

양혈은 입수가 혈심보다 높고 음혈은 혈심이 입수보다 높은 위치에 있으므로 양혈은 용맥이 내려오면서 결지(結地)되고 음혈은 올라가면서는 결지된다. 그러므로 제2유형의 지형은 내려오면서 결혈되므로 와혈이나 겸혈이 된다. 2018년 논문 발표 시점에는 제2유형의 경우 모두 와혈로 결지되는 것으로 분석되었다. 그러나 그 이후 겸혈로 혈이 맺힌 사례를 하나 찾아내었다. 그러므로 횡룡입수혈의 제2유형의 경우 와혈뿐만 아니라 겸혈도 예외적으로 생길 수 있다.

---

66) 허영훈(2024), 『한국지형의 풍수 혈 사상』, 기록연, 139-140쪽.

일곱째, 당배귀성이 붙어 있는 분벽점은 '가는 쪽 귀사'가 붙어 있는 분벽점보다 낮아야 한다. 주룡맥에 흐르는 기운을 1차로 당배귀성이 쳐주어 횡락하여 내려가고 남은 일부 기운은 '가는 쪽 귀사'까지 일단 흘러갔다가 '가는 쪽 귀사'가 다시 당배귀성 쪽으로 그 기운을 역으로 돌려주게 된다. '가는 쪽 귀사'가 역으로 기운을 돌려주기 위해서는 당배귀사가 있는 분벽점보다 '가는 쪽 귀사'가 있는 분벽점이 상대적으로 높아야 순조롭게 기운을 내려보내 줄 수 있다.

제1유형의 경우 당배귀성이 붙어 있는 분벽점이 가장 높지만 제2유형의 경우 당배귀성이 붙어 있는 분벽점은 낮고 양쪽 귀사가 붙은 분벽점이 상대적으로 높게 형성되어 있다. 그러기 때문에 제1유형은 앞에서 보았을 때 혈성(穴星)은 중간이 올라간 금성체(金星體)를 띠게 되며, 제2유형은 중간이 약간 내려가 있으므로 좌우가 높으므로 토성체(土星體) 형태를 띠게 된다. 이러한 금성체나 토성체의 혈성은 안산(案山)으로 삼아도 풍수에서는 좋은 의미로 해석하고 있다.

여덟째, 당배귀성이 붙어 있는 분벽점을 기점으로 '가는 쪽 귀사'까지의 거리와 혈까지의 거리는 비슷하게 나타난다. '오는 쪽 귀사'가 붙있는 분벽점과 혈장까지의 거리는 일관성이 없지만 당배귀성의 분벽점으로부터 '가는 쪽 귀사'와 혈까지의 간격은 비슷한 거리를 유지하는 특징을 보인다. '가는 쪽 귀사'에서 당배귀성까지 역기운이 들어가는 거리만큼 횡락으로 내려가서 혈이 형성되고 있다. 그래서 제2유형의 경우는 '가는 쪽 귀사'가 혈을 만드는데 결정적인 역할을 하는 것으로 이해된다. 제2유형의 결혈조건이나 지기 입력의 원리를 가지고 이것을 종합하면 다음과 같은 그림으로 나타낼 수 있다.

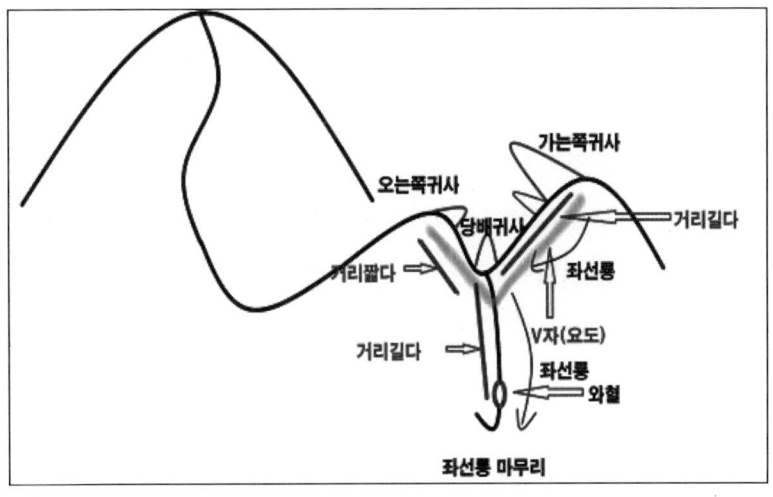

그림45. 제2유형 좌선룡 결혈조건 용맥도

다음은 횡룡입수의 제3유형이다. 제3유형은 위 제1유형 및 제2유형과는 근본적으로 결혈 조건을 달리하고 있다. 용맥이 변화 과정을 거쳐 혈장 뒤에서 기봉(起峯)을 하게 되는데 이를 현무봉(현무정 또는 입수도두)이라고 할 수 있다. 제3유형은 당배귀성이나 '가는 쪽 귀사'의 힘이 아니라 주룡의 힘으로 혈에 지기를 공급하게 된다. 즉 주룡 자체가 등을 밀어 지기를 쳐주는 당배(撞背)가 된다. 제1유형과 제2유형의 경우는 귀성이 지기를 쳐줘서 혈로 입력시키는 입혈(入穴))의 원리인 반면에 제3유형은 진행하던 용맥이 횡락 후 3~4절 이상의 좌우 또는 상하 변화를 거쳐서 내려오기 때문에 귀성의 힘이 아니라 변화된 용맥이 당배가 되어 기운을 혈로 입력시키는 입혈 원리가 적용된다.

횡룡입수의 유형별 결혈조건을 고려하여 각 유형의 지기 입력의 입혈 원리를 정리해 보면, 제1유형은 지기를 당배귀성이 뒤에서 쳐주어 입력시키는 입혈 원리가 된다. 이때 혈은 주룡맥 쪽으로 바짝 당겨져 붙어 있어야 하는데 그렇지 않으면 당배귀성의 힘이 미치지 못하여 결혈이 될 수 없다.

제2유형은 '오는 쪽 귀사'에서는 주룡맥이 진행하는 방향으로 원활하게 지기를 내려주고 기운이 당배귀성 있는 분벽점에 도달하면 대부분의 지기를 당배귀성이 뒤에서 쳐서 횡(橫)으로 아래로 내려준다. 횡으로 내려가지 못한 남은 기운은 '가는 쪽 귀사' 방향으로 흘러가다 '가는 쪽 귀사'에 의해서 멈추게 되고 다시 역으로 당배귀성 쪽으로 되돌려보내면 당배귀성이 뒤에서 기운을 쳐서 입수룡(요도성맥)을 통하여 혈로 보내주는 입혈원리가 된다. 이때 '가는 쪽 귀사'로부터 당배귀성이 붙어 있는 분벽점까지 역기운이 온 거리만큼 요도성맥을 타고 혈까지 내려가서 결혈이 된다. 만약 그 이상의 거리를 내려가게 되면 '가는 쪽 귀사'와 당배귀사의 기운이 미치지 못하게 된다.

제3유형의 경우는 횡락하여 내려오는 내룡맥 자체가 당배(撞背)가 되어 입혈시키는 일반적인 혈 형성의 입혈 원리가 된다. 특히 제2유형의 경우 결혈조건과 지기 입력의 입혈 원리가 다른 유형보다 복잡하지만 사례지별로 동일한 결론이 도출된다. 이 점을 볼 때 땅에도 어떠한 생명체적 질서가 존재하고 있는 것으로 볼 수 있다. 즉 땅을 하나의 유기체로 보는 풍수적 인식[67]에 부합되는 부분으로써 눈에 보이지 않는 기의 흐름이 용맥의 모양(形)이나 어떠한 질서로 표출되고 있다.

이러한 유형별 결혈조건과 지기의 입혈 원리를 근거로 횡룡입수의 개념과 용어를 다음과 같이 정리할 수 있다. 제1유형은 진행하던 주룡맥이 좌선 또는 우선 마무리하여 멈추게 되고 혈은 주룡맥을 베개 삼듯이 주룡맥 쪽으로 바짝 당겨져서 결혈하는 입수 형태이다. 제1유형은 결혈의 기본조건 외에도 3가지 추가적인 결혈조건을 갖추게 된다. 그러므로 이를 '횡룡입수혈(橫龍入首穴)'이라 정의할 수 있다. 이 입수 유형은 진정한 의미의 횡룡입수혈이 된다.

제2유형은 진행하던 주룡맥에서 요도성맥이 횡으로 낙맥한 후 주룡맥이 내려오는 쪽을 향하여 좌선 또는 우선하면서 '가는 쪽 귀

---

[67] 풍수에서는 산을 용이라 표현하고 인체의 혈맥과 같이 용맥을 타고 지기가 흐른다고 보고 있다.

사'와 당배귀성의 거리만큼 내려온 요도성맥에 갑자기 결혈하는 입수 형태이다. 제2유형은 결혈의 기본조건 외에도 8가지의 추가적인 결혈조건을 갖추게 된다. 이를 '횡락섬룡입수혈(橫落閃龍入首穴)'이라 정의할 수 있다.

제3유형은 진행하던 주룡맥으로부터 횡으로 낙맥 한 후 3~4절 상하기복 및 좌우위이 변화를 하면서 내려가다 결혈하는 입수 형태이다. 일반적인 직룡입수의 결혈조건을 갖추게 된다. 이를 '횡락직룡입수혈(橫落直龍入首穴)'이라 정의할 수 있다.

물론 유형별 개념과 용어를 정한다고 하여 기운이 혈에 전달되는 그 원리가 달라지는 것은 아니다. 그렇지만 고전 등의 풍수 이론에서 유형별 횡룡입수혈과 관련된 개념과 용어가 정리되어 있지 않기 때문에 이를 구체화할 필요성이 있어서 필자가 정리해 보았다.

여기서 정한 용어의 정의가 가장 이상적인 것은 아니지만 다른 이름으로도 정하여 구별할 필요는 있다. 유형별 입수 모양을 그대로 표현하여 제1유형은 '직룡횡입수혈(直龍橫入首穴)', 제2유형은 횡룡섬입수혈(橫龍閃入首穴), 제3유형은 '횡룡직입수혈(橫龍直入首穴)로도 명명할 수도 있다. 제1유형은 직룡으로 내려온 용이 갑자기 용맥의 옆구리 바로 붙어 있는 모양, 제2유형은 횡룡으로 낙맥하여 조금 내려오다가 갑자기 결혈되는 모양, 제3유형은 횡락하여 내려오는 용이 몇 절의 변화 과정을 거쳐서 주룡의 지위를 확보해서 직룡으로 입혈하는 모양이기 때문이다. 또한 '횡룡입수혈의 제1유형', '횡룡입수혈의 제2유형', '횡룡입수혈의 제3유형'으로 각각 표현할 수 있다. 이러한 부분은 풍수학계에서 다양한 토론과 연구를 거쳐 정해야 할 과제라 생각된다.

제5장

횡룡입수혈의 풍수답산록

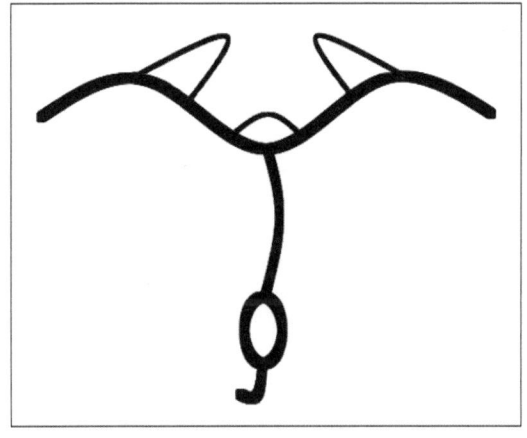

　위에서 살펴본 내용을 종합하여 정리해 보면, 횡룡입수혈, 즉 진행하던 용맥이 90도 횡으로 방향 전환하면서 혈이 맺히려면 그 결혈 위치에 따라 크게 3가지 유형이 나타난다. 그 3가지 유형으로는 첫째, 횡룡입수혈의 제1유형이다. 혈은 주룡맥(主龍脈)을 베개 삼듯이 바짝 붙어서 결혈하는 형태이다. 이를 진정한 의미의 횡룡입수혈이라고 하였다.

　둘째, 횡룡입수혈의 제2유형이다. 주룡맥에서 당배귀성(撞背鬼星)의 힘으로 횡락(橫落) 한 요도성맥(橈棹性脈)이 갑자기 결혈하는 형태이다. 혈이 맺힐 수 없는 요도성맥에서 눈 깜짝할 사이에 결혈한다고 해서 섬룡입수(閃龍入首)라고 이름을 붙였다. 정확히 말하자면 횡룡으로 떨어져서 내려가기 때문에 앞에 횡락(橫落)이라는 말을 넣어서 횡락섬룡입수(橫落閃龍入首)라는 이름을 붙이는 것이 더 잘 어울릴 것 같다.

섬룡입수란 도저히 혈이 맺힐 수 없는 곳에서 결혈이 되었기 때문에 괴혈(怪穴)의 종류로 분류하고 있다. 요도는 역기운(逆氣運)이 들어가기 때문에 혈이 맺힐 수 없다. 그래서 괴혈이라고 하는 것이다. 괴혈이라고 해서 혈증(穴證)이 없는 것이 아니다. 혈은 무조건 혈증이 존재해야 한다. 여기서 횡락(橫落)이란 주룡이 진행을 하다가 90도 정도 꺾어지면서 횡(橫)으로 맥이 하나 떨어져(落脈) 출발하는 산의 질서를 말한다.

셋째, 횡룡입수혈의 제3유형이다. 횡락 후 입수룡이 3~4절 상하기복(上下起伏) 운동과 좌우위이(左右逶迤) 운동, 또는 이 두 운동을 복합적으로 하면서 내려가다 결혈하는 형태이다. 이는 일반적인 결혈조건이므로 그냥 직룡입수(直龍入首)라고 한다. 진행하던 용맥이 90도 틀어서 일정 절수를 만들고 내려오므로 엄격히 따지면 '횡락직룡입수(橫落直龍入首)'라고도 말할 수 있다.

이처럼 횡락하여 내려오는 용맥이 결혈하는데 있어서 3가지 유형이 나타나고 있다. 이를 유형별로 구분해서 보기도 하지만 동일하게 '횡룡입수혈'로 여기고 있는 거 같다. 횡룡입수혈에 대한 개념이 풍수 고전에서 유형별로 명확하게 정의되어 있지 않기 때문에 풍수학계나 술사들 사이에서도 의견이 일치하지 않고 있다. 그러나 결혈조건이나 혈이 결지되는 지기의 입혈 원리가 완전히 다르므로 동일하게 적용해서는 안 된다.

횡룡입수혈의 3가지 유형에 대한 결혈조건을 살펴보면, 오악

(五嶽)이나 'J'자 용맥 등과 같은 기본적인 결혈조건 외에도 제1유형은 아래의 표에서 보는 바와 같이 3가지의 추가적인 결혈조건을 갖추어야 한다.

표1. 횡룡입수(제1유형)의 추가 결혈 조건

연번	추가 결혈 조건
1	주룡맥이 진행하다가 단절되듯이 떨어지면서 좌선 또는 우선으로 90도 방향 전환하여 마무리하여야 한다.
2	혈 뒤에 당배귀성이 있어야 한다.
3	혈은 진행하던 주룡맥 쪽에 당겨져 있어야 한다.

제2유형인 횡락섬룡입수혈 역시 기본조건 외에.8가지의 추가적인 결혈조건을 갖추어야 하는데 그 8가지 추가적인 결혈조건은 아래의 표와 같다. 제3유형인 횡락직룡입수는 내룡맥 자체가 당배(當背)가 되어 지기를 입력시키는 입혈원리이기 때문에 일반적인 결혈조건을 가진다.

표2. 횡락섬룡입수(제2유형)의 추가 결혈 조건

연번	추가 결혈 조건
1	입수룡은 입력처 용맥의 방향으로 틀어주면서 마무리해야 한다.
2	혈 뒤에 당배귀성이 있어야 한다.
3	'오는 쪽 귀사'와 '가는 쪽 귀사'가 있어야 한다(쌍귀가 존재한다).

연번	추가 결혈 조건
4	'가는 쪽 귀사' 분벽점에서 당배귀성 분벽점 쪽으로 역기운이 들어가면서 용맥이 좌선 또는 우선해야 한다(최종 마무리하는 선룡에 따라 각각 좌선과 우선이 달라진다).
5	당배귀성 분벽점에서 내려가는 입수룡은 요도 형태를 띤다.
6	혈의 종류는 와혈로 결혈된다(예외적으로 겸혈 사례도 있다).
7	당배귀성의 있는 분벽점은 '가는 쪽 귀사'가 있는 분벽점보다 낮아야 한다.
8	당배귀성이 있는 분벽점을 기점으로 '가는 쪽 귀사'의 분벽점까지의 거리와 혈장까지의 거리는 같아야 한다.

횡룡입수혈에 대한 3가지 유형의 결혈조건이 다르면 지지가 혈로 입력되는 입혈원리 역시 다르게 나타날 수밖에 없다. 그래서 횡룡으로 낙맥하여 진행하는 입수룡에 대하여 3가지 유형으로 구분하고 그 개념을 정립할 필요가 있다고 강조하는 것이다.

전국적으로 오랫동안 풍수답산을 다니면서 확인한 바로는 횡룡입수혈과 횡락섬룡입수혈은 각각 10개 내외밖에 되지 않는다. 그만큼 횡룡입수혈과 횡락섬룡입수혈이 희박하다는 것을 대변해 주고 있다. 또한 횡룡입수혈의 경우 편중된 선룡(旋龍)[68]의 특징이 나타나고 있다. 현재까지 찾아낸 13개 사례지 중에서 11개가 좌선룡 결혈처이다. 평소에는 횡룡입수혈의 결혈 여부에만 신경을 썼는데 이것을 한데 모아 보니 신기하게도 좌선룡의 결혈 비율이 높게 나타나고 있다.

선룡의 편중 현상이 나타나는 이유는 정확히 모르겠지만 지구가 우선(右旋)하니까 역방향인 좌선룡으로 틀어지는 것이 아닌가 하는 생각도 든다. 왜냐하면 아무래도 지구 회전의 반대 방향으로 용맥이 틀어지게 되면 기운이 응축 강도가 강해지기 때문이다. 이는 단지 필자의 생각일 뿐이고 이 부분은 사례지를 더 확보하여 추가적인 연구가 이루어져야 할 것으로 보인다.

필자는 약 10년 전부터는 풍수적으로 답산한 지역에 대하여는 반드시 풍수답산록을 작성하여 관리하고 있다. 답산록을 작성하기 전부터도 많은 지역을 답산하였으나 기록해 놓지 못하였다. 그 당시는 모두 머릿속에 넣을 수 있다고 생각하고 어디 어디 다녀왔다

---

[68] 용(龍)이 진행을 하다가 결혈이 되려면 끝이 어느 한 방향으로 틀어지면서 영어 알파벳의 'J'모양이나 한자의 고무래 정(丁)자 모양을 만들면서 마무리된다. 왼쪽에서 출발하여 오른쪽에서 용맥의 끝이 마무리가 되면 좌선룡(左旋龍)이라 하고, 우측에서 시작하여 좌측에서 끝이 마무리되면 우선룡(右旋龍)이라고 한다.

는 사실을 책 같은 곳에 표시만 하는 정도였다. 그러다 보니 답산지 관리가 제대로 되지 않았다.

그래서 언젠가는 요긴하게 쓰일 것으로 생각하고 답산록을 쓰기 시작했는데 거의 10년의 세월이다. 그때부터 답산록을 쓰지 않았다면 이 책을 쓴다는 것은 엄두도 못 내었을 것이다. 풍수 공부를 하면서 가장 잘한 일이 바로 이 답산록을 작성한 게 아닌가 싶다. 필자가 작성하여 답산록으로 관리하는 횡룡입수혈과 횡락섬룡입수혈의 목록은 아래의 표와 같다. 그 외에도 횡룡입수혈과 횡락섬룡입수혈로 여겨지는 사례지가 몇 군데 더 있기는 하다. 묏자리나 건물로 사용하기 위하여 지형을 심하게 훼손시킨 곳과 접근이 차단되어 직접 용맥을 밟을 수 없는 곳, 다소 판단이 모호한 곳 등은 아래 목록에서 제외하였다. 비록 아래 표의 목록에서는 제외되었지만 향후 추가적인 연구를 위하여 계속 관리는 하고 있다. 그리고 인근 지역을 답산할 기회가 있으면 지형적인 변화 등을 확인하기 위하여 수시로 살펴보고 있다.

표3. 횡룡입수혈 답산지 목록

일련 번호	답산지명	소 재 지	결혈 형태
1	오미리 민묘	경북 안동시 풍산읍 오미리	좌선룡 결혈
2	제월리 민묘	충북 괴산군 괴산읍 제월리	좌선룡 결혈
3	월곡리 민묘	경북 김천시 농소면 월곡리	좌선룡 결혈
4	박달리 민묘	경북 경주시 내남면 박달리	좌선룡 결혈

일련번호	답산지명	소 재 지	결혈 형태
5	덕정리 민묘	전남 순천시 별량면 덕정리	좌선룡 결혈
6	삼길리 민묘	전북 임실군 신덕면 삼길리	좌선룡 결혈
7	이경헌 묘	경기 성남시 수정구 상적동	좌선룡 결혈
8	봉정리 민묘	경북 문경시 산양면 봉정리	좌선룡 결혈
9	소화리 민묘	경북 예천군 지보면 소화리	좌선룡 결혈
10	성평리 민묘	경북 예천군 유천면 성평리	좌선룡 결혈
11	두천리 민묘	경구 예천군 용문면 두천리	좌선룡 결
12	진도리 민묘	전북 무주군 안성면 진도리	우선룡 결혈
13	구산리 민묘	경북 의성군 봉양면 구산리	우선룡 결혈

표4. 횡락섬룡입수혈 답산지 목록

일련번호	답산지명	소 재 지	결혈 형태
1	상모동 민묘	경북 구미시 상모동	우선룡 결혈
2	송림리 민묘	경북 구미시 고아읍 송림리	좌선룡 결혈
3	김번 묘	경기 남양주시 와부읍 삼패동	우선룡 결혈
4	남양리 민묘	경북 청도군 매전면 남양리	좌선룡 결혈
5	이명신 묘	경기 파주시 문산읍 사목리	좌선룡 결혈

일련번호	답산지명	소 재 지	결혈 형태
6	무안리 민묘	경북 김천시 감천면 무안리	우선룡 결혈
7	외평리 주택	경기 여주시 금사면 외평리	좌선룡 결혈
8	윤보선 생가	충남 아산시 둔포면 신항리	좌선룡 결혈
9	경주 최부자집	경북 경주시 교동	우선룡 결혈

이 장에서는 위 제1유형인 횡룡입수혈과 제2유형인 횡락섬룡입수혈에 대한 필자의 풍수답산록을 소개한다. 위 3장에서 분석한 연구 사례지는 해당 분석자료의 설명으로 갈음한다. 그리고 제2유형의 경우 결혈처와 비혈지를 비교하기 위하여 비혈지 답산지 1개소도 포함하였다.

제3유형의 경우는 3가지 형태가 있다. 제1유형 및 제2유형과 비교 분석이 가능하도록 3가지 형태의 대표적 사례지 답산록을 1개소씩 소개한다. 제3유형의 3가지 형태는 첫째, 제2유형처럼 요도성맥(橈棹性脈)으로 출발하지만 3~4절 내려가서 입수하는 경우, 둘째, 주룡맥에서 익(翼)으로 내려가 입수하는 경우, 셋째, 주룡맥이 진행을 하다가 거의 90도 정도로 꺾어져서 'C'자 형태의 곡맥으로 입수하는 경우이다. 다만, 첫 번째 형태인 요도성맥으로 내려가는 사례지의 경우 이에 부합되는 결혈처를 찾지 못해서 비혈지 민묘로 대신하였다.

그리고 세 번째 'C'자 형태의 곡맥입수(曲脈入首)도 2가지 사례가 있다. 하나는 주룡맥이 90도 방향 전환을 하여 진행하다가 혈을 맺는 형태이고 다른 하나는 주룡맥이 'C'자 형태로 빙빙 둘러서 회룡(回龍)을 함과 동시에 최종적으로 당배귀성의 힘에 의하여 횡룡으로 입수하는 형태이다. 이러한 형태는 본 책자 서론 부분에서도 언급을 하였지만 회룡과 횡룡이 합쳐진 복합적 입수 형태로 조금 특이한 경우이다. 경남 합천의 전두환 전 대통령 조모 묘지에서 이런 사례가 나타나고 있으므로 이 묘지는 횡룡입수혈의 제1유형의 풍수답산록 부분에 포함하여 기술하였다.

자연에서는 다양한 입수 형태가 나타난다. 그러나 풍수 고전에서는 대표적인 입수 형태를 6가지로 분류를 해 놓았다. 이 입수 6격 안에서도 각각 입수 형태가 조금씩 다르게 나타날 수 있다. 위에서 설명한 바와 같이 횡락으로 진행하는 용맥이 입수하는 횡룡입수혈만 하더라도 각론으로 들어가서는 몇 가지 형태로 다시 세분된다. 그 외에도 일어날 수 있는 경우의 수가 있겠지만 이 정도의 사례만 익혀도 횡락으로 입수하는 결혈처의 차이점을 충분히 이해하고 분류할 수 있을 것으로 본다.

 # 횡룡입수혈 제1유형의 풍수답산록

1) 순천 덕정리 민묘

순천 덕정리 민묘는 전남 순천시 별량면 덕정리에 소재하고 있다. 2021년 10월 31일, 풍수답산하였다. 답산 결과 이 묘지는 좌선룡으로 틀어서 마무리되는 횡룡입수혈로 판단되었다.

횡룡입수혈은 결혈의 기본조건 외에도 3가지 결혈조건을 갖추고 있어야 한다. 첫째, 용맥이 좌선 또는 우선으로 마무리하면서 가는 쪽 맥이 떨어져야 하며, 둘째, 혈 뒤에 당배귀성이 있어야 하며, 셋째, 혈이 주룡맥 쪽에 당겨져 있어야 한다. 이 묘지의 용맥도를 그려보면 아래의 그림과 같다.

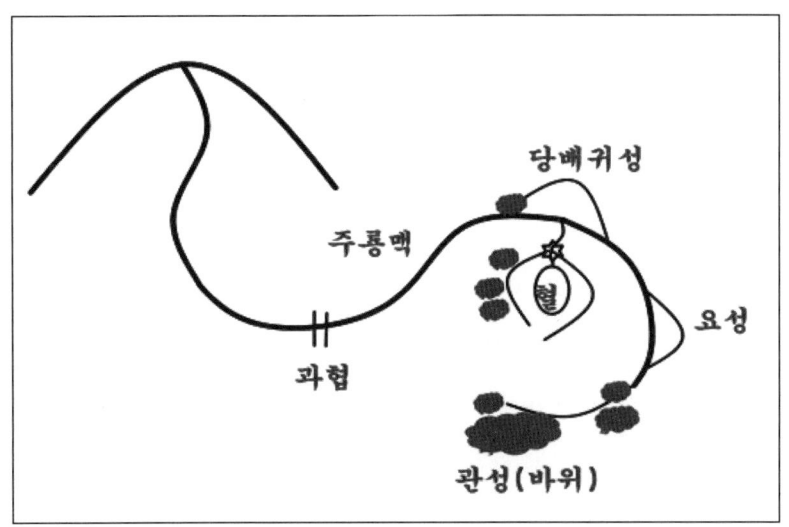

그림46. 순천 덕정리 민묘 용맥도

이 묘지는 횡룡입수혈의 3가지 추가 결혈조건을 모두 갖추고 있을 뿐만 아니라 봉분을 작게 조성하는 등 와혈(窩穴)의 혈상에 맞게 장법(葬法) 역시 모범적이다. 이 묘지로 들어오는 입수룡은 'S'자 형태로 들어오는데 우선룡으로 왔다가 과협(過峽)을 형성하고 올라와서는 좌선룡으로 틀어서 마무리한다.

그리고 봉분을 작게 조성함에 따라 좌우 선익을 비롯하여 입혈맥이 분명하게 나타나서 물을 가르는 모습이 역력하다. 입혈맥에서 물을 가르는 작용을 1분수(分水)라고 하는데 현장에서는 계명

(界明)⁶⁹⁾이라고도 한다. 묘역 조성 시 봉분이 올라온 만큼 비례하여 선익과 입혈맥 등의 6악⁷⁰⁾을 보토하여 주었으면 더욱 완벽하였을 것으로 보인다.

좌우의 선익을 고려하면 봉분이 약간 아래로 처져 있기는 하나 거의 정혈에 넣은 것으로 보인다. 귀성, 관성, 요성 등 귀관요(鬼官曜) 삼성(三星)이 모두 바위로 되어 있어서 응기·응축하는 힘을 강하게 하고 있다. 이 묘지는 아래의 사진에서 보는 바와 같이 6악과 귀관요 삼성을 제대로 갖춘 곳으로 평가된다.

---

69) 계명(界明)이란 혈장(穴場)에서 입혈맥(入穴脈)이 물을 가르는 것을 말한다. 혈장(穴場)에서 입혈맥을 경계로 하여 물길이 1차적으로 상분(上分)하는 시각적인 현상이나 그 현상을 읽는 기술이라고도 할 수 있다. 그러므로 혈장의 구성요소인 6악(六嶽) 중의 하나인 입혈맥을 의미하기도 하고 이 입혈맥이 혈장에서 1분수(分水)하는 것을 의미하기도 한다.

70) 6악(六嶽)이란 혈장의 구조를 말한다. 혈장의 구조는 5악(五嶽), 즉 입수도두(入首到頭), 좌우 선익(蟬翼), 전순(氈脣), 당판(當坂)으로 되어 있는데 여기에 입혈맥(入穴脈)을 하나 더해서 6악이라고 한다. 풍수의 정식 용어는 아니지만 현장에서는 상법(相法)의 오악을 차용하여 혈상(穴相)도 오악 또는 육악으로 표현하기도 한다. 입수도두는 이마, 좌우의 선익은 좌우 관골, 전순은 턱, 당판은 코, 입혈맥은 콧등에 해당된다.

그림47. 순천 덕정리 민묘 전면

그림48. 순천 덕정리 민묘 후면

그림49. 순천 덕정리 민묘 우측 요성과 귀성

그림50. 순천 덕정리 민묘 좌측 요성

그림51. 순천 덕정리 민묘 관성

위 사진에서 보는 바와 같이 앞에 보이는 논은 평전수(平田水)가 되어서 이 물을 모두 혈이 먹을 수가 있다. 농경지는 혈자리가 되어야만 비로소 평전수라 부를 수 있다. 한가지 흠이 있다면 묘지 앞에 있는 소나무의 뿌리가 올라와서 물길을 막고 있다. 이 묘지가 좌선룡으로 마무리되었기 때문에 당판의 물은 우측으로 빠져나가야 한다. 그런데 소나무 뿌리가 자라면서 지표면이 부풀어 올라 물이 넘어가지 못하고 있다. 그리고 입수와 우측 부분에 있는 일부 부석(浮石)은 들어내는 것이 좋다.

2) 임실 삼길리 민묘

임실 삼길리 민묘는 전북 임실군 신덕면 삼길리에 소재하고 있다. 이 묘지에 대하여 2023년 11월 18일, 풍수답산하였다. 답산 결과 이 묘지는 좌선룡으로 틀어서 마무리하는 횡룡입수혈로 판단되었다. 임실 삼길리 민묘의 용맥도를 그려보면 아래의 그림과 같다.

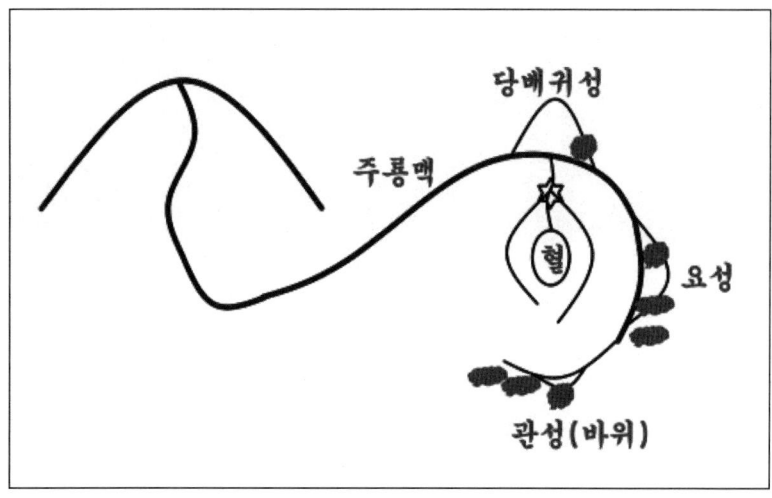

그림52. 임실 삼길리 민묘 용맥도

이 묘지의 경우 물형론(物形論)으로는 목마른 말이 물을 마신다는 갈마음수형(渴馬飮水形)으로 알려져 있다. 풍수에서는 산천이 응결하면 어떠한 상(象) 또는 물형(物形)의 모습을 가지게 되며, 그 물형에 맞는 기운이 내재되어 있는 것으로 보고 있다.

그림53. 임실 삼길리 민묘 전면

그림54. 임실 삼길리 민묘 후면

횡룡입수혈이 되려면 기본적인 혈증(穴證) 외에도 3가지의 추가적인 결혈조건을 갖추어야 한다. 그 결혈조건은 첫째, 용맥이 좌선 또는 우선으로 마무리하면서 가는 쪽이 떨어져야 하는데 주룡맥이 진행하다가 좌선룡으로 틀어서 마무리되므로 첫째 조건이 충족된다. 진행하던 용맥이 단절 현상을 보이면서 좌측에는 바위로 된 요성(曜星)이 붙어서 혈 쪽으로 강하게 힘을 밀어주고 있다.

그림55. 임실 삼길리 민묘 좌측 요성

둘째, 혈장 뒤에 당배귀성(撞背鬼星)이 붙어야 하는데 묘지 뒤쪽에 당배귀성이 있으므로 두 번째 조건 역시 갖추고 있다. 그리고 마지막으로 혈이 주룡맥 쪽에 바짝 당겨져 있어야 하는데 묘지가 약간 내려오기는 했지만 주룡맥 쪽으로 붙어 있으므로 세 번째 조건도 충족되어 횡룡입수혈이 된다. 다만, 봉분이 약간 아래로 내려가 있는데 뒤로 올라가야 정혈(定穴, 正穴)로 보인다. 그래야만 당배귀성의 힘을 받을 수 있기 때문이다.

그리고 전순 앞에는 바위로 된 관성(官星)이 붙어 있으며, 좌선룡의 J자 용맥의 꼬리가 우측에서 마무리하는 모습을 보이고 있다. 이 묘지는 혈자리가 됨에 따라 갈마음수형이라는 물형명(物形名)을 붙일 수 있다. 어떤 자리에 물형명이 붙은 이유는 산천의 형세나 형태에 따라 그에 상응하는 기운이 취결(聚結)되는 것으로 간주하기 때문이다. 그래서 물형론도 혈을 살피는 하나의 방법론으로 자리하고 있으며, 산천의 길흉을 판단하는 지표로 사용되기도 한다. 그러나 산천이 비록 동식물 등과 유사한 형태를 보이더라도 혈자리가 되어야만 물형명을 붙일 수 있음을 알아야 한다. 답산 경험칙상 물형명이 붙어 있다는 장소는 혈이라기보다는 비혈지가 많으므로 이점을 간과해서는 안 된다.

3) 성남 이경헌 묘

성남 이경헌 묘는 성남시 수정구 상적동에 소재하고 있다. 이 묘지에 대하여 2019년 1월 20일, 2021년 7월 31일, 2024년 1월 1일, 풍수답산하였다. 답산 결과 이 묘지는 좌선룡으로 마무리하는 횡룡입수혈로 판단되었다. 이경헌 묘의 횡룡입수혈 용맥도는 아래의 그림과 같다.

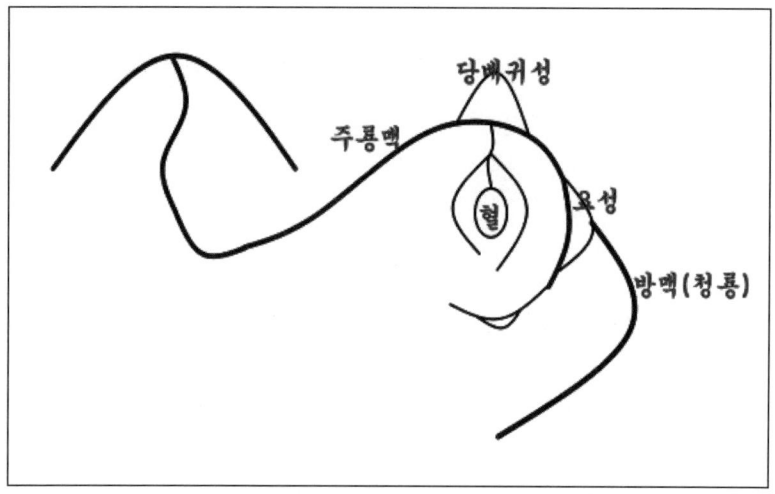

그림56. 성남 이경헌 묘 용맥도

이경헌 묘로 내려오는 주룡맥은 과협처를 형성한 후 요도(橈棹)를 달고 우선룡(右旋龍)으로 틀고 나서 곧바로 좌선룡의 횡룡으로 낙맥(落脈)하여 결혈한다. 주룡맥이 진행을 하다가 당배귀성이 뒤에서 지기를 밀어주고 있으며, 진행하던 주룡맥은 마치 단절되듯이 뚝 떨어지면서 오른쪽으로 방향을 전환하게 된다. 맥이 단절된 후 다시 진행하는 용맥은 방맥(傍脈)으로서 이 묘지의 청룡을 형성한다. 용맥이 좌선((左旋)으로 방향을 전환함에 따라 좌측 부분에 둥그렇게 좌선 형태의 시울이 나타나고 있다.

그리고 현재의 봉분은 아래로 처져서 있으므로 약간 올라가야 정혈(定穴)인데 그래도 당배귀성의 힘을 받을 수 있을 정도로 주룡맥 쪽에 당겨져 있다. 그러므로 기본적 결혈조건 외에 횡룡입수혈의 3가지 추가적인 결혈조건을 충족하고 있으므로 횡룡입수혈로 판단된다.

그림57. 성남 이경헌 묘 전면

그림58. 성남 이경헌 묘 후면

횡룡입수혈은 당배귀성이 주룡맥에 붙어 있는데 귀성과 주룡맥이 합쳐지는 부분은 아래의 사진에서 보는 바와 같이 불룩하게 솟아나게 된다. 횡룡입수혈에서는 이 부분이 현무정(玄武頂)이 되고 현무정 바로 아래는 입수(入首)가 된다. 현무정에서 개장천심(開帳穿心)을 하고 입수에서도 개장천심, 즉 소개장을 하는 질서를 보인다. 현무정에서 입수로 천심한 맥은 입수룡(入首龍), 좌우로 개장한 것은 청룡과 백호가 되며, 입수에서 천심한 맥은 혈로 들어가는 입혈맥(入穴脈), 좌우 개장한 것은 좌우 선익(蟬翼)이 된다. 특히 이 묘지는 용맥이 짧은 S자 형태의 변화 과정을 거쳐서 횡룡입수혈을 만들어 내고 있다.

그림59. 성남 이경헌 묘의 현무정과 입수

4) 문경 봉정리 민묘

문경 봉정리 민묘는 경북 문경시 산양면 봉정리에 소재하고 있다. 이 묘지에 대하여 2023년 3월 4일, 2023년 12월 3일, 풍수답산 하였다. 답산 결과 이 묘지는 좌선룡으로 틀어서 마무리하는 횡룡입수혈로 판단되었다. 문경 봉정리 민묘의 용맥도는 아래의 그림과 같다.

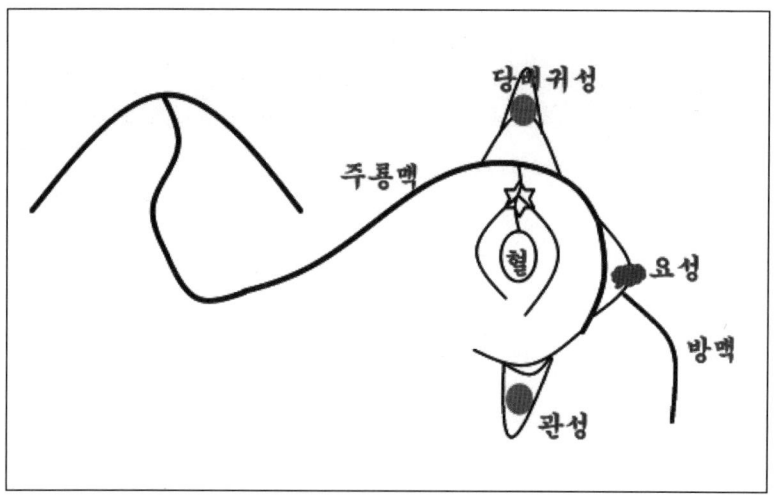

그림60. 문경 봉정리 민묘 용맥도

이 묘지는 그야말로 횡룡입수혈의 교과서적인 형태를 보여주고 있다. 횡룡입수혈은 일반적인 결혈처보다 귀하다. 횡룡입수혈은 흔하지 않기 때문에 혈을 연구하는데 중요한 소재가 된다.

그림61. 문경 봉정리 민묘 전면

그림62. 문경 봉정리 민묘 후면

문경 봉정리 민묘는 횡룡입수혈의 교과서적 형태답게 진행하던 용맥이 과협처를 만들고 비룡으로 올라온다. 당배귀성이 붙은 지점에서 봉긋하게 솟아나서 현무정을 일으키고 90도로 횡락하여 입혈이 된다.

문경 봉정리 민묘의 당배귀성 부분에 묘지 1기가 자리하고 있다. 이 묘지는 요도성맥이 되므로 비혈지가 된다. 횡룡입수혈이 결지되려면 첫 번째 조건으로 주룡맥이 진행하다가 단절되듯이 뚝 떨어져야 하는데 이 묘지는 주룡맥이 진행을 하다가 행도를 멈추고 갑자기 90도 우측으로 입수룡을 내려준다. 그리고 가는 쪽 맥이 단절되듯 떨어지면서 좌선을 하게 되며, 좌측 옆에 바위로 된 요성(曜星)이 붙어서 밀어주고 있다. 횡룡입수혈에서는 이렇게 용맥이 단절되어야 하며, 단절된 부분에서 다시 진행하는 맥은 방맥이 된다. 봉분 아래에는 관성(官星)까지 붙어 있어서 이 묘지는 귀관요(鬼官曜) 삼성(三星)이 모두 있는 자리가 된다. 다만, 다른 여느 횡룡입수혈처럼 바람의 피해가 우려되어서 그런지 약간 아래로 처져 있는 것이 흠이다.

횡룡입수혈은 기본적인 결혈조건에 3가지의 결혈조건이 추가된다고 하였는데 그 첫째 조건은 진행하는 맥이 단절되듯 뚝 떨어져야 하며, 둘째, 혈로 지기를 입력시키는 당배귀성이 붙어야 하며, 셋째, 당배귀성의 힘을 받기 위하여 혈은 주룡맥 쪽으로 당겨져야 한다. 여기에다 횡혈의 특징 하나가 나타나는데 이것은 동일한 형태의 혈상(穴象), 즉 와혈만 결지된다. 횡룡입수혈의 경우 모두 와

그림63. 문경 봉정리 민묘의 현무정과 당배귀성(우측면)

혈이 결혈되는 것은 그 지형적인 특성 때문이다. 와혈은 음양으로 구분하면 양혈(陽穴)에 해당이 된다. 양혈은 높은 데서 아래로 내려가면서 결혈이 된다. 주룡맥과 당배귀성이 접목되는 부분이 제일 높게 형성되는데 이 부분이 현무정이 된다. 그래서 와혈이 현무정으로부터 내려가면서 결지되는 반면, 음혈(陰穴)인 유혈과 돌혈은 비룡(飛龍) 형태로 올라가면서 결지된다. 그러므로 횡룡입수에서는 돌혈이나 유혈은 생겨날 여지가 없다.

5) 예천 소화리 민묘

　예천 소화리 민묘는 경북 예천군 지보면 소화리에 소재하고 있다. 이 묘지에 대하여 2020년 11월 1일, 2021년 3월 14일, 2022년 12월 9일, 풍수답산하였다. 답산 결과 이 묘지는 좌선룡으로 틀어서 마무리되는 횡룡입수혈로 판단되었다. 이 묘지의 후손에서 판검사가 배출된 것으로 알려져 있으며, 횡룡입수혈의 전형적인 모습을 보인다. 이 묘지에 대한 용맥도는 아래의 그림과 같다.

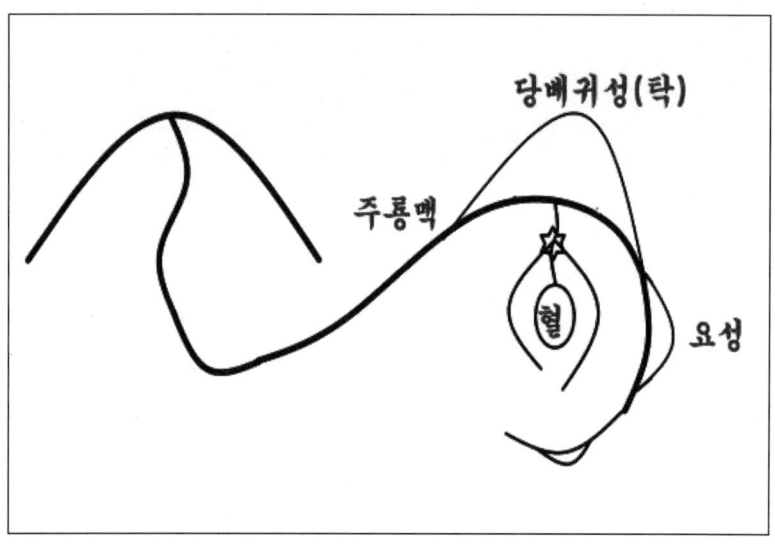

그림64. 예천 소화리 민묘 용맥도

　횡룡입수혈이 되려면 기본적인 결혈조건에 더하여 추가로 3가지 결혈조건이 충족되어야 한다. 이 묘지는 첫째, 주룡맥의 가는 쪽이 뚝 떨어지면서 좌선룡으로 마무리되고 있다. 주룡맥이 가다가 뚝 떨어지는 용맥의 단절 현상이 일어나게 되는데 이 부분은 횡혈(橫穴)의 청룡을 형성하게 된다. 청룡의 좌측 옆에는 요성(曜星) 붙어서 청룡이 좌선룡으로 틀어질 수 있도록 강하게 밀어주고 있다.

만약 청룡이 좌선(左旋)하지 않고 우선(右旋)을 하였다면 기운이 응축되지 않을 뿐만 아니라 용맥의 단절 현상도 일어나지 않아 그냥 지나가는 맥에 불과했을 것이다. 횡룡입수혈에서는 가는 쪽 맥의 청룡에 붙어 있는 요성은 당배귀성 못지않게 중요한 역할을 한다. 그리고 좌선룡의 횡룡입수혈에서는 청룡이 가까이 붙어 있게 된다. 이 묘지에서는 선익(蟬翼)으로부터 10m 이내의 거리에 있다.

그림65. 예천 소화리 민묘 전면

그림66. 예천 소화리 민묘 후면

둘째, 당배귀성이 붙어 있다. 당배귀성과 주룡맥의 연결 부위인 현무정(玄武頂)은 두 사(砂)의 접점이기 때문에 불룩하게 올라와 있다. 그리고 현무정 뒤의 당배귀성은 둥그렇게 반원(半圓) 형태의 탁(托))[71]으로 붙어 있어서 밀어주는 힘이 아주 세다.

---

71) 탁은 타탕(拖湯)의 확대된 모양이다. 시울이 둥글게 돌아가는 선의 형태를 설명한 것이라면 탁은 둥글면서 두툼하게 살(흙)이 붙어 있는 상태를 말한다. 현장에서는 "탁으로 붙었다"하면 둥근 형태로 후부하게 살(흙)이 붙어서 받쳐주고 선룡 방향으로 강하게 밀어주고 있다는 것을 의미한다.

셋째, 혈이 주룡맥 쪽으로 당겨져 있다. 주룡맥 쪽으로 당겨져야 하는 이유는 당배귀성의 힘을 받기 위해서다. 너무 내려가면 당배귀성의 힘을 못 받는다. 이 묘지는 현무정에서 아주 짧게 내려와 입수(入首)를 만들면서 소개장을 하여 선익(蟬翼)을 만들어주고 있다. 특히 우측의 선익은 아주 뚜렷하게 나타나고 있는데 이 선익으로 보아 현재의 묘지는 거의 정혈에 들어가 있다.

횡룡입수혈은 주룡맥에서 갑자기 90도 방향을 전환하여 결혈되므로 풍수 술수 상 속발(速發)하는 자리로 본다. 횡락섬룡입수혈도 마찬가지로 횡룡으로 1절 정도 내려가다 눈 깜짝할 사이에 결혈되므로 후손 발복이 빠른 것으로 추정을 한다. 따라서 이 두 입수혈의 실제 후손 발복의 빠름과 늦음을 비롯하여 선룡(旋龍)에 따른 후손 발복의 상태, 즉 후손의 귀부손(貴富孫)을 연구해보는 것도 논문의 소재거리가 될 수 있다고 본다.

6) 예천 성평리 민묘

　예천 성평리 민묘는 경북 예천군 유천면 성평리에 소재하고 있다. 이 묘지에 대하여 2022년 12월 9일, 2024년 2월 18일, 풍수답산하였다. 이 묘지는 이수창 전 삼성생명 대표의 증조부 묘로 알려져 있다. 답산 결과 이 묘지는 좌선룡으로 틀어서 마무리하는 횡룡입수혈로 판단되었다. 예천 성평리 민묘의 용맥도는 아래의 그림과 같다.

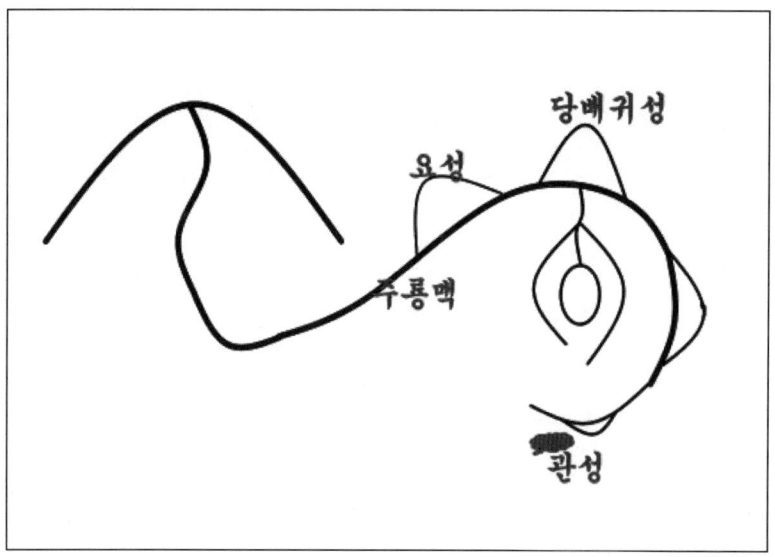

그림67. 예천 성평리 민묘 용맥도

　횡룡입수혈이 되려면 결혈에 필요한 기본조건 외에 3가지 추가 결혈조건이 갖추어져야 한다. 묘지로 내려오는 주룡맥이 묘지가 있는 곳에서 당배귀성의 힘을 받아서 90도 꺾어져서 입수하고 있다. 그리고 진행하던 용맥은 단절되듯이 뚝 떨어지면서 좌측의 요성(曜星)이 밀어줌에 따라 좌선룡으로 틀어서 마무리된다.

이러한 지형은 당연히 기운이 더 이상 진행하지 못하고 용맥이 횡락(橫落)하여 내려가게 되는데 혈은 주룡맥 쪽으로 당겨져서 결혈된다. 따라서 이 묘지는 결혈의 기본조건 외에도 횡룡입수혈의 추가적인 3가지 결혈조건을 충족함에 따라 횡룡입수혈이 된다.

그림68. 예천 성평리 민묘 전면

그림69. 예천 성평리 민묘 후면

그림70. 예천 성평리 민묘 당배귀성

현재의 묘지는 당배귀성의 힘을 받지 못하고 향(向)이 좌측으로 약간 틀어져 있다. 그리고 입혈맥이 잘려져 있는 상태다. 장법(葬法)이 잘못되면 후손의 발복에도 영향을 미칠 수 있다. 그래서 혈이 100%이면 장법도 100%라는 말이 나온다. 그만큼 장법이 중요하다는 의미다.

묘지의 좌(坐)를 당배귀성에 맞추게 되면 백호와 연결된 안산이 들어오는 형태가 된다. 현재의 향은 청룡과 백호 사이에 있는 나가는 안산을 바라보고 있다. 미시적 관법으로 땅을 살피는 데에 있어서 내 몸에 붙어 있는 혈증(穴證)이 중요하고 사신사는 나중의 문제다. 혈증 위주로 혈을 찾는 방법이 혈기론(穴氣論)이다. 혈기론도 형기론(形氣論) 안에 포함이 되지만 형기론이 사신사(四神砂) 위주의 큰 범위를 살피는 데 비하여 혈기론은 혈 자체의 작은 혈증 위주로 살피는 것이다.

7) 예천 두천리 민묘

예천 두천리 민묘는 경북 예천군 용문면 두천리에 소재하고 있다. 이 묘지에 대하여 2022년 1월 9일, 2023년 12월 27일, 2024년 2월 18일, 풍수답산하였다. 답산 결과 이 묘지는 좌선룡으로 틀어서 마무리하는 횡룡입수혈로 판단된다. 예천 두천리 민묘의 용맥도는 아래의 그림과 같다.

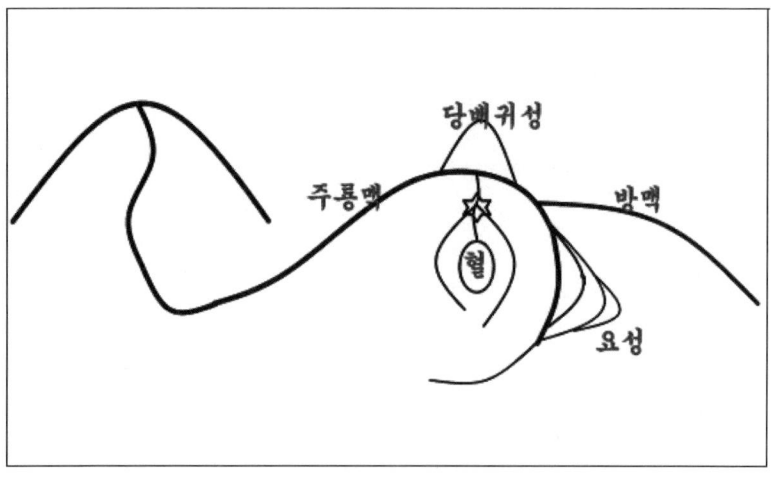

그림71. 예천 두천리 민묘 용맥도

횡룡입수혈이 되려면 결혈에 필요한 기본조건 외에 3가지의 추가조건을 갖추어야 하는데 이 묘지는 3가지 추가 결혈조건을 모두 충족하고 있다. 주룡맥이 진행을 하다가 단절되듯이 단차를 두고 뚝 떨어진다. 그리고 묘지 뒤에 있는 당배귀성의 힘으로 90도 방향 전환하여 혈로 지기가 입력되는 프로세스를 보인다.

용맥이 횡혈을 맺고 난 뒤에 그 이하 다시 출발하는 맥은 방맥(傍脈)이 된다. 이 방맥의 경우 용이 한 방향으로 틀어지도록 밀어주는 요성(曜星) 역할을 한다. 방맥이 있는 부분에서 묘지 쪽으로 올려다보면 지형이 단차를 두고 들려있는 것을 확인할 수 있다. 멈추지 못하고 진행하는 용맥에서는 이러한 현상이 나타나지 않는다.

　이 묘지는 좌선룡으로 틀어서 마무리되는 횡혈임에 따라 좌측은 묘지(혈)보다 상대적으로 높아져서 청룡을 형성하게 된다. 좌선룡의 횡룡입수혈이 맺히게 되면 청룡의 좌측 옆에는 요성이 붙는다. 청룡 좌측에 붙어 있는 요성을 살펴보면 여러 층을 이루면서 계속 잡아주고 있는 모습이다.

그림72. 예천 두천리 민묘 전면

그림73. 예천 두천리 민묘 후면

 이 묘지는 결혈처이지만 몇 가지 문제점도 확인할 수 있는데 재혈(裁穴)을 잘못하여 묘지가 조금 아래로 처져 있다. 당배귀성의 힘을 받으려면 약간 위로 당겨져야 정혈이 된다. 그리고 봉분을 만드는데 필요한 흙을 확보하기 위하여 당배귀성과 우측 부분을 파낸 것으로 보인다. 그렇게 되면 내룡맥이나 당배귀성으로부터 받아야 하는 기운이 차단될 수 있다. 그러므로 흙은 묘지로부터 일정 거리를 벗어난 곳으로부터 조달해야 한다.

 이 묘지는 정혈에 약간 벗어나 있지만 첫째, 당배귀성이 붙어 있고, 둘째, 혈이 주룡맥 쪽에 가까이 당겨져 있고, 셋째, 진행하던 맥이 단절되듯이 뚝 떨어져서 마무리되므로 횡룡입수혈의 3가지 조건을 모두 갖추게 된다.

묘지의 봉분이 아래로 내려가 있는 것은 바람의 피해가 우려되어 그런 거 같다. 이 묘지뿐만 아니라 다른 횡룡입수혈도 봉분이 아래로 처져 있는 경우가 많다. 모두 바람의 피해가 우려되어 그런 것으로 보인다. 횡룡입수혈이든 일반 혈이든 결혈이 되었다는 것은 이른바 완전한 땅이 된다. 그리고 혈이 형성되면 당연히 오악(五嶽)이 생긴다. 이 오악은 사신사의 축소판이라고도 하는데 이것만으로도 충분히 장풍(藏風)이 된다.

혈은 사람의 얼굴로 치자면 코에 해당이 된다. 코의 위치를 아래로 내리거나 위로 올리거나 옆으로 틀게 되면 기형이 된다. 혈자리보다 아래로 내려서 묘지를 쓰게 되면 전순을 손상시키는 상혈(傷穴)이 되고 위로 너무 올려 쓰면 내룡(來龍)을 손상시키는 상룡(傷龍)이 된다. 따라서 장법을 시행함에 있어서 상혈과 상룡이 되지 않도록 각별한 주의가 요망된다.

8) 무주 진도리 민묘

무주 진도리 민묘는 전북 무주군 안성면 진도리에 소재하고 있다. 이 묘지는 정세균 전 총리의 6대조부 묘로 알려져 있다. 이 묘지에 대하여 2021년 6월 6일, 풍수답산하였다. 답산 결과 이 묘지는 우선룡으로 틀어서 마무리되는 횡룡입수혈로 판단되었다. 무주 진도리 민묘에 대한 용맥도는 아래의 그림과 같다.

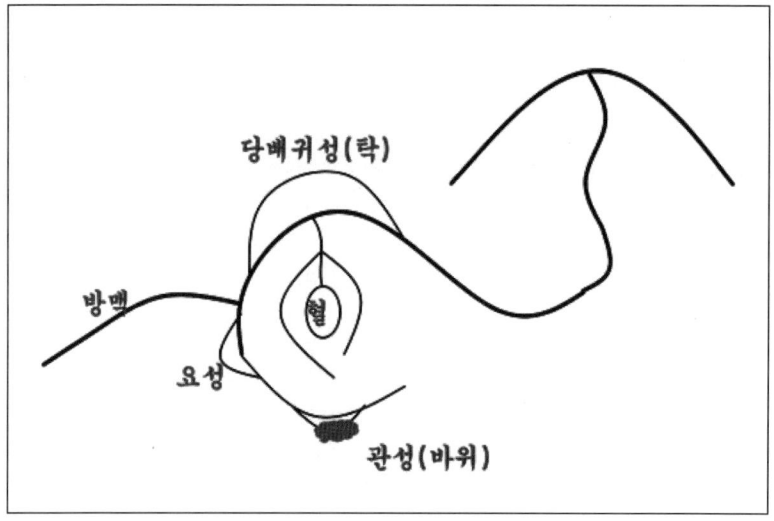

그림74. 무주 진도리 민묘 용맥도

횡룡으로 혈이 결지되려면 몇 가지 결혈조건이 충족되어야 한다. 횡락(橫落)으로 내려온 요도성맥(橈棹性脈)에 갑자기 혈을 맺는 섬룡입수(閃龍入首)와도 구별된다. 횡룡입수혈은 결혈의 기본조건 외에 추가적인 결혈조건을 갖추어야 하는데 그 조건은 3가지로 구분할 수 있다. 첫째, 용맥이 좌선 또는 우선으로 마무리하면서 가는 쪽 맥이 떨어져야 한다. 이 묘지는 우선룡으로 틀어서 마무리함에 따라 우측에는 요성이 밀어주고 있으며, 혈을 맺고 난 이후의 진행하는 용맥은 방맥이 된다.

둘째, 혈장 뒤에 당배귀성이 있어야 한다. 이 묘지는 혈후에 당배귀성이 붙어 있다. 이 당배귀성이 기운을 쳐주게 되면 90도로 방향을 바꿔서 힘이 들어가게 되는 원리가 된다. 현장에서는 당배귀성이 밭으로 되어 있는데 밭의 모양이 탁(托)의 형태로 둥그렇게 붙어 있는 것을 알 수 있다.

셋째, 혈은 진행하던 주룡맥 쪽에 당겨져 붙어 있어야 한다. 너무 내려가게 되면 당배귀성의 힘이 미치지 못하여 결혈되지 않는다. 현재의 묘지는 전순과 좌측의 선익의 형태로 미루어 보아 약간 좌측과 아래로 이동하면 정혈이 된다.

그림75. 무주 진도리 민묘 전면

　이 묘지의 가장 핵심이라 할 수 있는 것은 바로 용맥이 마무리하는 꼬리를 확인하는 것이다. 용맥의 꼬리가 우선룡으로 돌면서 마무리하는데 그 끝에 아래의 사진에서 보는 바와 같이 바위로 형성된 관성(官星)이 붙어 있다. 바위는 가로로 박혀있는데 이 바위만 보아도 힘이 더 이상 하단부로 못 내려간다는 것을 알 수 있다.

그림76. 무주 진도리 민묘 관성 바위

　　풍수답산을 가보면 입수 뒤에서만 용맥을 살피고 용맥의 꼬리 (끝)은 별로 신경을 쓰지 않는 거 같다. 항상 용맥이 끝이 어떻게 마무리되는지를 주의 깊게 보아야 한다. 용맥이 틀어서 마무리하는 현상이 나타나야만 혈이 결지될 수 있기 때문이다. 이 묘지의 경우 뒤에 탁의 형태로 둥그렇게 형성된 당배귀성, 우측에는 우선룡으로 틀 수 있도록 밀어주는 요성, 전순 아랫부분에는 힘이 못 내려가게 하는 바위 관성이 붙어 있다. 그래서 이 묘지는 혈장 보조사인 귀성, 관성, 요성, 즉 귀관요 삼성(三星)이 모두 갖추어진 횡룡입수혈이 된다.

그림77. 무주 진도리 민묘 좌측면

현재 묘지의 문제점으로는 봉분의 크기가 너무 크며, 좌향도 약간 틀어져 있다. 좌향은 용맥이 돌아가는 형태에 따라 약간 좌측으로 돌려야 한다. 그래야 당배귀성의 힘을 받는 지세향(地勢向)을 타고 100%로 힘을 받을 수 있기 때문이다. 만약 혈처를 잡아 놓고도 정혈(正穴, 定穴)에 넣지 못하면 입정불입실(入庭不入室)이 될 수 있다. 즉 이웃 사람과 이야기하러 갔는데 옆집에 마당까지는 잘 들어갔으나 방에는 못 들어가 이야기를 못 하고 오는 수가 있다. 혈을 다 찾아 놓고도 실제 묘지를 조성할 할 때는 정혈에 못 집어넣었다는 뜻이다. 그래서 혈의 구조나 사상별(四象別) 물길의 흐름 등을 알아야 정혈에 정확하게 집어넣을 수 있다. 사람의 얼굴로 따지자면 코가 혈이 되는데 이마나 턱, 광대뼈 있는 데다가 코를 붙이거나 삐뚤어지게 붙일 수는 없다. 정혈에 들지 않는 묘지는 발복에 있어서 아무래도 백분율이 떨어질 수밖에 없다.

9) 의성 구산리 민묘

 의성 구산리 민묘는 경북 의성군 봉양면 구산리에 소재하고 있다. 이 묘지에 대하여 2020년 2월 16일, 2020년 4월 19일, 풍수답산하였다. 답산 결과 이곳에는 여러 기의 묘지가 자리하고 있는데 2개의 혈자리가 있다. 하나는 묘지이고 다른 하나는 생지(生地)이다. 생지로 비어있는 혈이 우선룡으로 틀어서 마무리하는 횡룡입수혈로 판단되었다. 이 묘역의 용맥도는 아래의 그림과 같다.

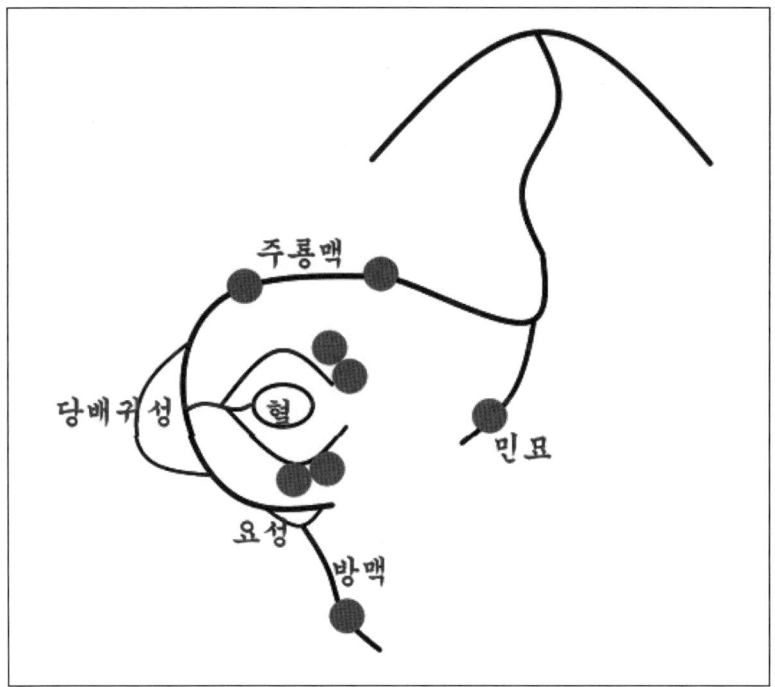

그림78. 의성 구산리 민묘 용맥도

횡룡입수혈은 결혈의 기본조건 외에도 추가로 3가지 결혈조건이 충족되어야 한다. 생지혈(生地穴)의 뒤에 당배귀성이 붙어 있고 주룡맥이 진행하다가 단절되듯이 뚝 떨어져 있으며, 혈이 뒤로 당겨져 있으므로 3가지 조건을 모두 충족하고 있다. 특히 이곳은 주룡맥이 단절되면서 새롭게 방맥(傍脈)이 떨어나가는 모습이 교과서적 형태를 보인다. 그래서 용맥이 어떠한 형태로 단절되면서 마무리를 하고 다시 방맥으로 출발하는 자연의 질서를 공부할 수 있는 아주 좋은 장소다. 아울러 『인자수지』에서 제시하는 정혈법(定穴法) 중의 하나인 지장정혈법(指掌定穴法)이 적용되는 지형이다. 지장정혈법에는 오른손과 왼손의 형태가 있는데 이곳은 오른손의 형태이다. 지장정혈법에서는 좌우 손의 엄지와 검지에 부위별로 구혈(毬穴), 대부혈(大富穴), 홍기혈(紅旗穴), 곡지혈(曲池穴), 절혈(絶穴), 소탕혈(掃蕩穴), 조화혈(燥火穴) 등 7개의 혈이 있다. 7개의 혈 중에서 4개는 길혈(吉穴)이고 3개는 흉혈(凶穴)이다. 구혈, 대부혈, 홍기혈, 곡지혈이 길혈이고 절혈, 소탕혈, 조화혈은 흉혈이다. 횡룡입수혈인 생지혈은 곡지혈(검지의 2절 부분에 위치)로서 길혈에 해당이 된다.

그림79. 의성 구산리 민묘 좌측면

10) 합천 내천리 민묘

합천 내천리 민묘는 경남 합천군 율곡면 내천리에 소재하고 있다. 이 묘지는 전두환 전 대통령의 조모 묘지로 알려져 있다. 이 묘지에 대하여 2020년 12월 12일, 풍수답산하였다. 답산 결과 이 묘지는 좌선룡으로 틀어서 마무리하는 회룡입수혈(回龍入首穴)로 판단되었다. 아울러 이 묘지는 횡룡입수혈의 형태도 나타나고 있다. 이 묘지에 대한 용맥도는 아래의 그림과 같다.

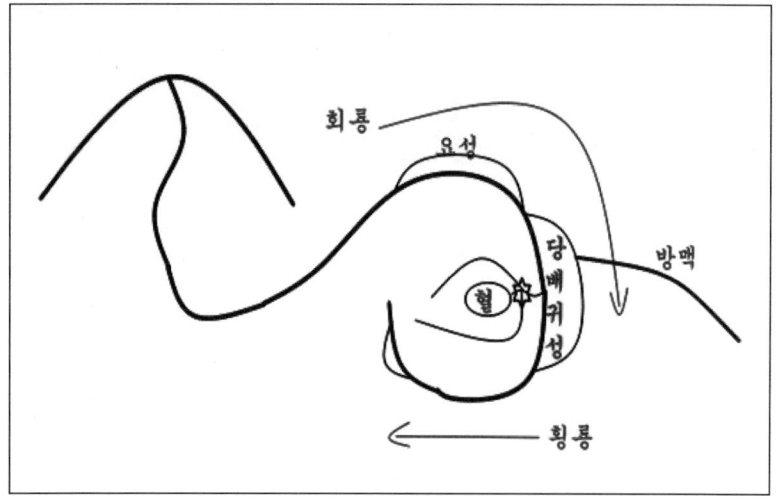

그림80. 합천 내천리 묘 답산록

이 묘지는 용맥이 주산에서부터 한 방향으로 틀어서 곡맥(曲脈)으로 내려가 입혈(入穴)이 됨과 동시에 횡락하여 입수하고 하고 있으므로 회룡과 횡룡이 겹치고 있다. 그리고 용맥이 한 방향으로 틀어서 마무리되는데 빙 돌아서 자기가 출발한 산을 바라보고 있으므로 회룡고조형(回龍顧祖形)이 된다.

그림81. 합천 내천리 민묘 전면

그림82. 합천 내천리 민묘 후면

이 곡맥의 형태는 박정희 대통령 생가의 용맥과 동일하게 좌선룡이다. 마치 뱀이 똬리를 트는 모습을 연상케 한다. 박정희 대통령 생가의 맥이 장거리 곡맥이라면 이 묘지의 맥은 단거리 곡맥이라 할 수 있다. 박 전 대통령의 생가로 내려오는 용맥이 큰 똬리라면 이 묘지의 용맥은 작은 똬리라고도 표현할 수 있다.

일부 풍수가들은 중심맥이 묘지의 좌측 아래로 빠져나가고 있다고 하는데 맥은 분명히 횡으로 좌선하면서 마무리하고 있다. 주룡맥의 좌측에 요성이 탁(托)의 형태로 붙어 있으며, 요성 아래로 출발하는 맥은 방맥이 된다. 묘지 좌측에 가서 살펴보면 진행하던 맥이 더 이상 못 내려가고 단절되듯 뚝 떨어지는 현상을 확인할 수 있다. 요성이 탁으로 붙어서 둥그렇게 시울 형태로 나타난다. 이 묘지는 빙 돌아서 결혈되는 회룡입수혈이므로 용맥의 힘이 아주 강하다고 볼 수 있다. 회룡고조형은 역룡(逆龍)의 개념이기 때문에 힘이 셀 수밖에 없다. 풍수가들은 이런 지형적인 측면을 보고서도 후손들의 기질이나 성향을 가늠하기도 한다.

 # 횡룡입수혈 제2유형의 풍수답산록

1) 청도 남양리 민묘

청도 남양리 민묘는 경북 청도군 매전면 남양리에 소재하고 있다. 이 묘지의 후손들이 헌법재판관을 비롯하여 고위 공직에 근무하였던 것으로 알려져 있다. 이 묘지에 대하여 2017년 4월 30일, 2021년 4월 18일, 풍수답산하였다. 답산 결과 이 묘지는 횡룡으로 낙맥하여 섬룡입수로 결혈되는 좌선룡의 횡락섬룡입수혈로 판단되었다. 청동 남양리 민묘의 용맥도는 아래의 그림과 같다.

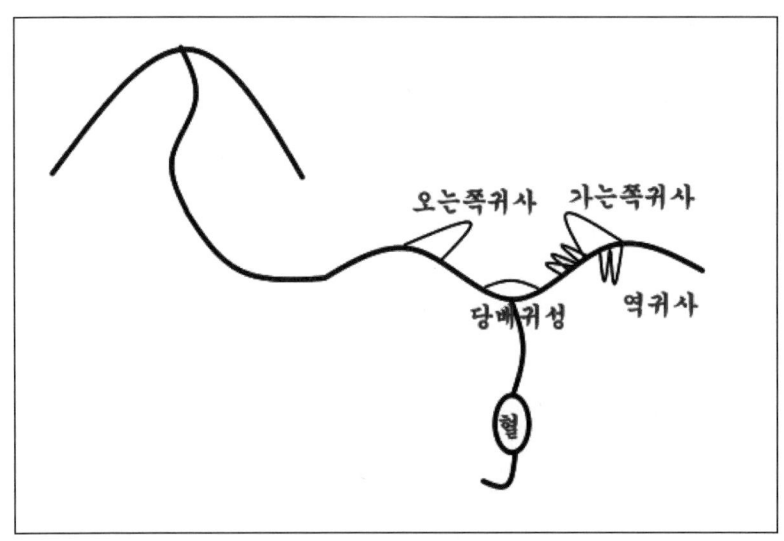

그림83. 청도 남양리 민묘 용맥도

　횡룡으로 낙맥하여 섬룡으로 입수되는 혈은 일반 횡룡입수혈과 비교 시 90도로 꺾어져 횡룡으로 입수한다는 것을 제외하고는 결혈조건이 완전히 다르게 나타난다. 이 묘지는 좌선룡으로 틀어서 마무리하는 섬룡입수혈로 혈의 사상(四象)으로는 와혈이 결지된다. 다른 섬룡입수혈과 좀 다른 것은 '가는 쪽 귀사'의 반대편에도 역귀사(逆鬼砂)가 형성되어 있다. 이 역귀사 역시 '가는 쪽 귀사'와 같이 순방향으로 진행하던 용맥의 기운을 역방향으로 돌려주게 하는 역할을 하고 있다.

　산의 가지가 거꾸로 되어 있다는 것은 힘이 역행한다는 것이다. 산의 기운은 조종산으로부터 순행을 하는 것이 질서이지만 이 부분은 예외가 된다. 이러한 산의 질서를 볼 때 자연은 참으로 오묘하다는 것을 느낄 수 있다. 섬룡입수 역시 마찬가지로 혈에 와서는 'J'자 형태로 틀어서 멈추어야 한다. 용맥은 틀어지게 되면 더 이상 못 내려가고 기운이 뭉쳐서 혈이 된다.

그림84. 청도 남양리 민묘 전면

이 민묘는 쌍분으로 조성이 되어 있는데 전순 등의 혈증으로 보아 두 묘 사이의 중간에서부터 좌측 묘 사이가 정혈로 보인다. 이 묘지 앞에 가묘를 조성해 놓았는데 전순을 벗어난 곳에 있으므로 오히려 위에 있는 기운을 못 내려가게 막아주는 역할을 한다.

그림85. 청도 남양리 민묘 후면

　이 자리가 혈이 되었으므로 주변의 사격을 살펴볼 수 있다. 우측의 백호는 서서 들어오는 입맥(立脈)인데 이 묘지가 좌선룡으로 마무리됨에 따라 백호와 주룡이 서로 안아주는 모습을 보인다. 아울러 앞에 보이는 조산도 길격 형태를 취하고 있으며, 후손이 조상을 되돌아보는 회룡고조형(回龍顧祖形)이라고 볼 수 있다.

2) 파주 이명신 묘

파주 이명신 묘는 경기 파주시 문산읍 사목리에 소재하고 있다. 이 묘지에 대하여 2018년 9월 16일, 2022년 1월 27일, 풍수답산하였다. 이명신은 율곡 이이의 5대 조부인데 묘지 아래에는 아들 이추(율곡의 고조부)의 묘가 자리하고 있다. 이명신 묘는 초장지가 아니라 이장해 온 것으로 알려져 있다. 답산 결과 이명신의 묘가 좌선룡으로 틀어서 마무리하는 횡락섬룡입수혈로 판단되었다. 파주 이명신 묘의 용맥도는 아래 그림과 같다.

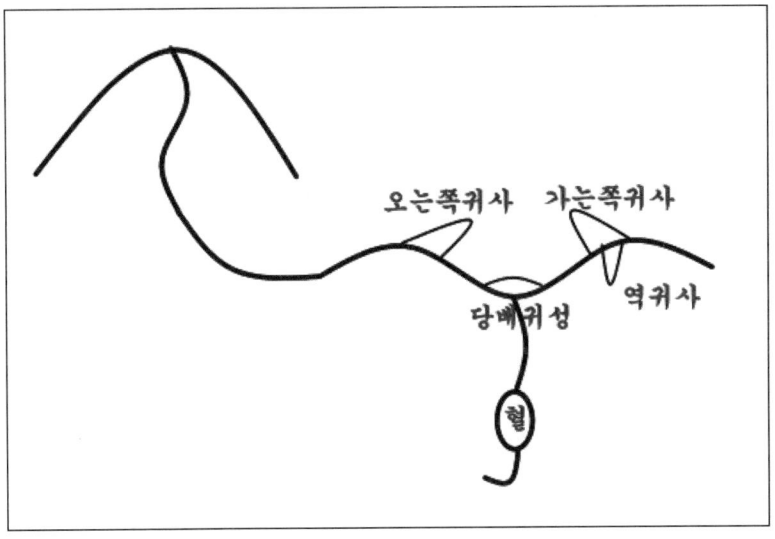

그림86. 파주 이명신 묘 용맥도

횡락섬룡입수는 횡룡(橫龍)으로 낙맥(落脈)하여 결혈하는 횡락 입수룡의 한 형태이다. 특히 횡락섬룡입수의 경우는 결혈의 기본조건 외에도 최소 8가지 정도의 복잡한 결혈조건을 가지고 있다. 섬룡입수란 결혈 장소가 아닌데도 불구하고 눈 깜짝할 사이에 혈이 맺히는 괴혈(怪穴)이다. 이 괴혈 역시 혈증이 있어야 한다.

이 묘지가 섬룡입수로 결혈이 되었다는 증거는 묘지 뒤의 내룡맥을 타고 올라가 보면 당배귀성(撞背鬼星)이 붙어 있으며, 오는 맥(입력처)에서는 '오는 쪽 귀사', 가는 맥(출력처)에서는 '가는 쪽 귀사'가 붙어 있다. 그리고 가는 맥의 '가는 쪽 귀사'의 반대편에는 역귀사(逆鬼砂)까지 붙어서 용맥의 힘이 진행하는 것을 멈추게 하고 묘지로 다시 지기를 돌려주고 있다.

그림87. 파주 이명신 묘 전면

그림88. 파주 이명신 묘 후면

이러한 자연의 질서만 보아도 산은 '올라가는 산'과 '내려가는 산', 즉 진행 방향이 정해져 있다는 것을 이해할 수 있다. 만약, 산의 진행 방향을 잘 못 읽거나 지기의 흐름을 이해하지 못한다면 이러한 횡락섬룡입수와 같은 희귀한 혈은 찾을 수도 없다. 주룡맥은 군사시설로 인하여 훼손이 많이 되었지만 당배귀성이나 쌍귀(雙鬼)가 붙어 있는 것을 분명하게 확인할 수 있다. 여기에다 역귀사(逆鬼砂)까지 붙어 있어서 횡룡으로 낙맥할 수밖에 없는 조건을 만들어주고 있다. 이러한 횡락섬룡입수혈은 우리나라에서 손가락으로 꼽을 정도로 몇 개밖에 없는 귀한 혈이라고 했다. 혈이 귀하다는 것은 결혈조건이 그만큼 까다롭다는 뜻이기도 하다. 횡락섬룡입수혈이 결지되기 위한 조건은 결혈의 기본조건 외에 추가조건으로 8가지 정도 된다. 이 조건 중에서 어느 하나라도 어긋나면 결혈이 되지 않는다.

3) 김천 무안리 민묘

　김천 무안리 민묘는 경북 김천시 감천면 무안리에 소재하고 있다. 이 묘지에 대하여 2021년 6월 13일, 2023년 1월 29일, 풍수답산하였다. 답산 결과 이 묘지는 우선룡으로 틀어서 마무리하는 횡락섬룡입수혈로 판단되었다. 혈의 사상(四象)으로는 겸혈(鉗穴)이다. 김천 무안리 민묘의 용맥도는 아래의 그림과 같다.

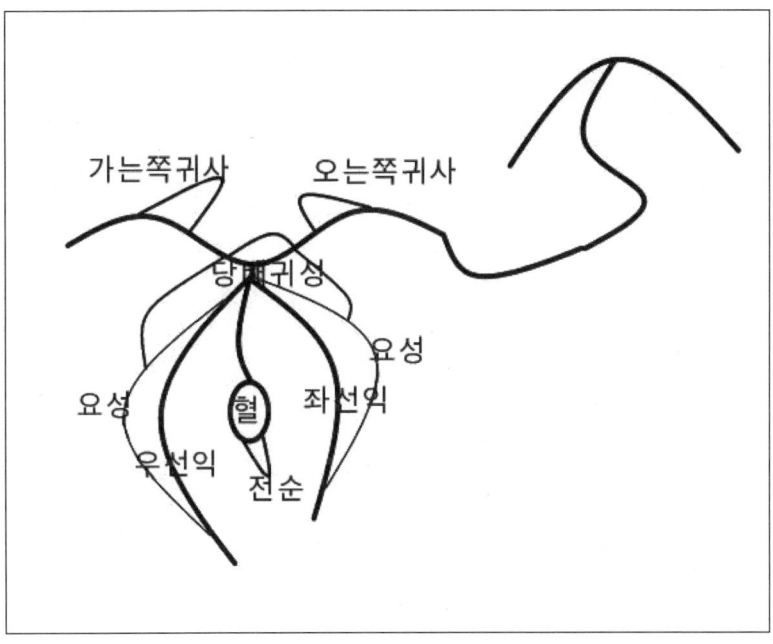

그림89. 김천 무안리 민묘 용맥도

횡락섬룡입수혈 8가지 결혈조건 중에서 여섯 번째가 와혈(窩穴)로 결지(結地)된다는 것이다. 그런데 이 묘지는 겸혈(鉗穴)의 혈상이다. 2018년 횡룡입수와 관련된 논문[72] 발표 이후 새로이 발견한 장소다. 그래서 이 묘는 횡락룡으로 입수하여 겸혈로 결지하는 횡락섬룡입수 겸혈 1호가 된다. 이 묘지를 찾기 전에는 횡락섬룡입수의 혈상(穴象)은 모두 와혈이었다. 이제는 와혈뿐만 아니라 겸혈의 혈상도 생긴다는 것으로 조건을 변경해야 할 판이다. 그렇지만 아주 특이한 예외적인 케이스로 보아야 한다.

그림90. 김천 무안리 민묘 전면

---

72) 허영훈(2018), "횡룡입수의 유형별 결혈 특성 연구", 동방문화와사상 제5집, 동방문화대학원대학교 동양학연구소.

그림91. 김천 무안리 민묘 후면

　　이 묘지로 내려오는 내룡(來龍)은 90도 방향 전환을 하여 횡룡으로 낙맥(落脈)하여 결혈한다. 횡락섬룡입수는 기본조건 외에도 추가로 8가지 결혈조건을 갖추어야 한다. 이 묘지의 경우 결혈의 일반적 기본조건(J자 용맥, 선룡 등) 외에도 추가적인 8가지의 결혈조건을 모두 충족하고 있다. 이 묘지가 겸혈이므로 아래의 사진에서 보는 바와 같이 좌우 겸혈의 양 다리에 해당하는 선익(蟬翼)이 유정하게 혈 방향으로 들어오는 모습이다.

그림92. 김천 무안리 민묘의 우측 선익

그림93. 김천 무안리 민묘의 좌측 선익

그리고 겸혈의 전순인 대추씨 모양의 낙조사(落棗砂)도 만들고 있다. 이 낙조사로 인하여 아래의 그림에서 보는 바와 같이 혈장의 물길은 양득양파(兩得兩派), 즉 입혈맥에서 1분수(分水)한 것이 그대로 전순에서도 분수가 된다. 와혈의 경우는 입혈맥에서 분수를 하였다가 다시 합수(合水)하는 양득일파(兩得一派)가 된다. 이것이 겸혈과 와혈의 물길이 다른 점이다.

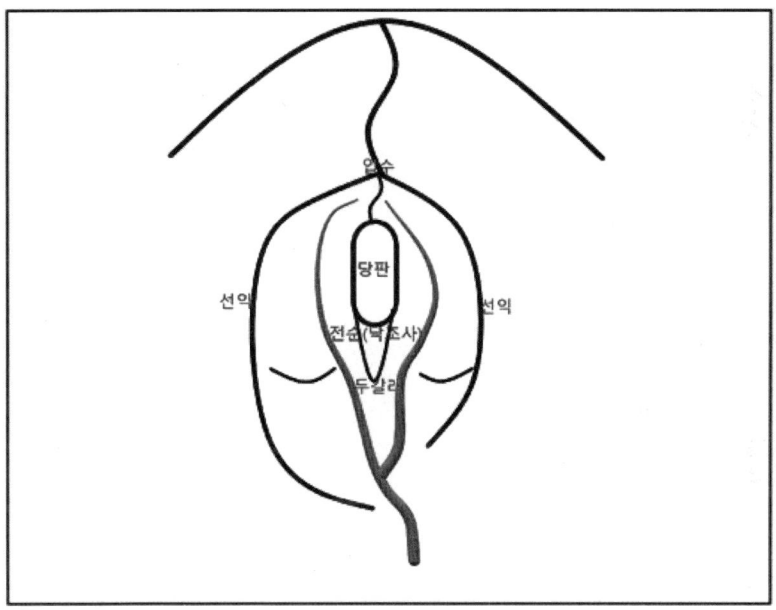

그림94. 겸혈의 물길 형태

겸혈의 경우 아무리 선익이 크더라도 청룡과 백호가 되는 것이 아니라 선익일 뿐이다. 우측 선익에는 요성이 파조(擺燥) 형태로 붙어서 안쪽으로 밀어주고 있으며, 좌측 선익에는 요성이 탁(托)으로 붙어서 안쪽으로 밀어주고 있다. 그리고 선익의 우측면으로 낙맥하여 나가는 맥은 방맥(傍脈)이 된다.

4) 여주 외평리 전원주택

여주 외평리 전원주택은 경기도 여주시 금사면 외평리에 소재하고 있다. 전원주택 증·개축에 필요한 풍수 컨설팅을 해 달라는 요청이 있어서 풍수답산을 한 곳이다. 이 양택에 대하여 2021년 12월 18일, 풍수답산하였다. 답산 결과 이 양택은 횡락섬룡입수혈로 판단되었다. 이 양택의 용맥도를 그려보면 아래의 그림과 같다.

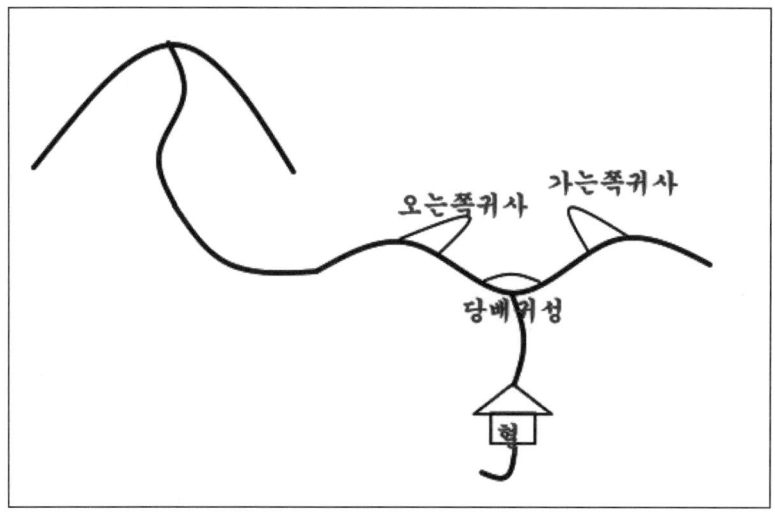

그림95. 여주 외평리 양택

전원주택에 대한 풍수 컨설팅 요청을 받고 위성지도 상으로 지형을 먼저 살펴본바, 전원주택이 입지한 곳은 산의 측면으로 보였다. 산능선이 일자 형태로 뻗어나가는데 그 우측 측면을 절개하여 전원주택을 건축하였던 것이다. 산의 측면을 절개해서 집을 짓게 되면 당연히 정상적인 용맥을 타지 못하여 측산(側山)이 된다. 그러면 양택3간법(陽宅三看法)[73] 중에서 가장 중요한 배산임수(背山臨水)의 원칙에 위배가 된다. 그래서 배산임수의 지형 조건은 갖추지 못하더라도 거주자의 심리적 안정이나 지반의 훼손 방지 차원에서 전저후고(前低後高)와 전착후관(前搾後寬)을 비롯하여 마당에 흐르는 물의 역수(逆水) 조치 등에 관한 컨설팅만 하려고 현장에 임하였다.

일반인들이 건축물을 감정하면 집과 그 집이 들어서 있는 터만 살피게 되지만 풍수사는 반드시 집 뒤의 산(용)을 밟아보게 된다. 그 이유는 작은 맥이라도 하나 받아서 집으로 기운(힘)이 들어오는지를 확인하기 위함이다. 전원주택의 뒷부분이 일정부분 절개되어 있어서 산의 측면으로 보였지만 집을 기준으로 우측에 약간 골이 져 있고 우측이 상대적으로 약간 낮음에 따라 좌선룡 형태의 지형이 눈에 들어왔다. 이러한 형태는 정상적인 맥일 수도 있지만 요도나 지각일 수도 있다. 집 뒤쪽의 산능선을 살펴본 바, 집 뒤쪽의 능선에 쌍귀(雙鬼)와 당배귀성이 확인되었다.

---

73) 양택의 입지 조건을 살피는 데 있어서 가장 중요한 3가지 간법(看法)이다. 3간법으로는 배산임수(背山臨水), 전저후고(前低後高), 전착후관(前搾後寬)이 있다.

용맥의 양쪽에 '가는 쪽 귀사'와 '오는 쪽 귀사', 즉 쌍귀(雙鬼)가 붙어 있고 그 중간에 당배귀성이 붙어 있어서 영락없이 횡락섬룡입수혈의 결지 조건을 갖추고 있었다. 그러므로 당초 지각이나 요도로 추정하였던 맥은 정상적인 기운을 받는 횡룡입수룡이 된다. 횡락섬룡입수혈에서는 이 입수룡은 요도성맥이 된다. 요도성맥은 힘이 역으로 작용하기 때문에 혈의 증거가 되는 오악(五嶽)이 생기지 않는다. 그러나 횡락섬룡입수혈과 같이 일정 조건을 갖추게 되면 요도성맥이 정상적인 맥으로 전화(轉化)가 된다.

　그래서 전원주택은 혈자리를 깔고 앉아 있는 형국인데 처음 우려하였던 배산임수의 미비점은 완전히 사라지게 된다. 왜냐하면 횡룡으로 낙맥한 정상적인 기운(힘)이 전원주택으로 들어옴에 따라 배산임수의 지형적 조건이 충족되기 때문이다. 아쉬운 점이 있다면 산줄기 중심선을 기준으로 뒤쪽의 지형은 자연 상태 그대로 남아있으나 앞쪽은 주택을 신축함에 따라 형질변경이 일부 이루어졌다는 것이다. 즉 혈장(穴場)이 많이 깨어져 있는 상태다. 미리 혈을 알고 몇 평 이내로 소규모로 집을 지었으면 지형 훼손을 최소화하였을 것이다. 물론 혈자리는 양택보다는 음택으로 활용하는 것이 더 적합하다고 본다.

5) 아산 윤보선 대통령 생가

　윤보선 대통령 생가는 충남 아산시 둔포면 신항리에 소재하고 있다. 이 생가에 대하여 2020년 11월 15일, 풍수답산하였다. 답산 결과 좌선룡으로 마무리하는 횡락섬룡입수혈로 판단되었다. 섬룡입수란 혈이 결지될 지형이 아닌데 눈 깜짝할 사이에 갑자기 입수하여 결혈하는 것을 말한다. 그래서 섬룡입수의 섬(閃)은 번쩍인다는 뜻이다. 윤보선 전 대통령 생가의 용맥도는 아래의 그림과 같다.

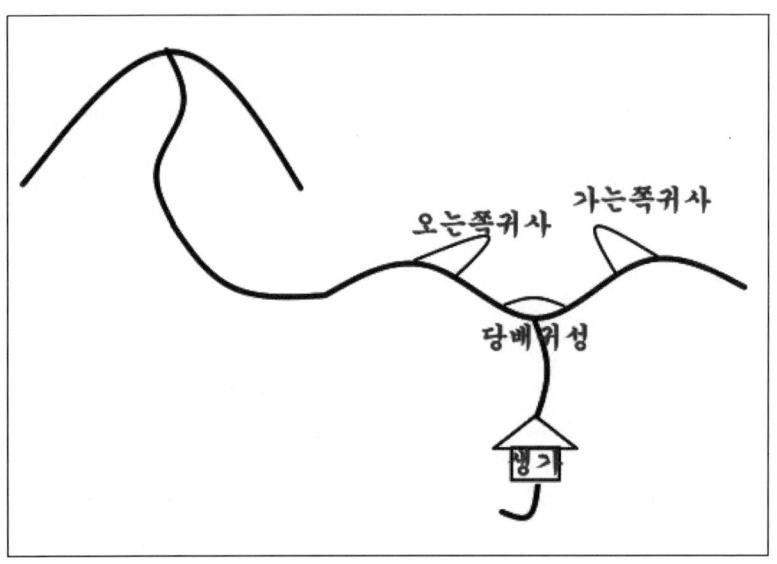

그림96. 아산 윤보선 대통령 생가 용맥도

혈이 결지(結地)되려면 기본적으로 우선룡이 되었든 좌선룡이 되었든 한쪽 방향으로 틀어서 마무리되어야 한다. 이러한 기본조건에 더하여 횡락섬룡입수혈이 결혈되려면 추가로 8가지의 조건을 모두 갖추어야 하는데 생가는 이러한 조건을 모두 충족하고 있다.

그림97. 아산 윤보선 대통령 생가 대문

그림98. 아산 윤보선 대통령 생가 안채

아래의 사진은 윤 전 대통령 생가 뒤쪽에 주룡맥으로부터 입수룡이 횡락하는 이 생가의 현무정이 된다. 현재 좌측에 '오는 쪽 귀사' 부분에 도로가 났으나 섬룡입수의 핵심이라 할 수 있는 '가는 쪽 귀사'는 훼손이 되지 않아 그나마 다행이다. 이것도 언제 없어질지 모른다.

그림99. 아산 윤보선 대통령 생가의 당배귀성과 쌍귀

6) 경주 교동 최부자집

경주 교동 최부자집은 경북 경주시 교동에 소재하고 있다. 이 양택에 대하여 2017년 10월 22일, 풍수답산하였다. 답산 결과 이 양택은 우선룡의 횡락섬룡입수혈로 판단되었다. 혈을 맺기 위한 기본조건 외에 선룡입수혈의 추가적인 8가지 결혈 조건을 충족하고 있다. 경주 교동 최부자집의 용맥도는 아래의 그림과 같다.

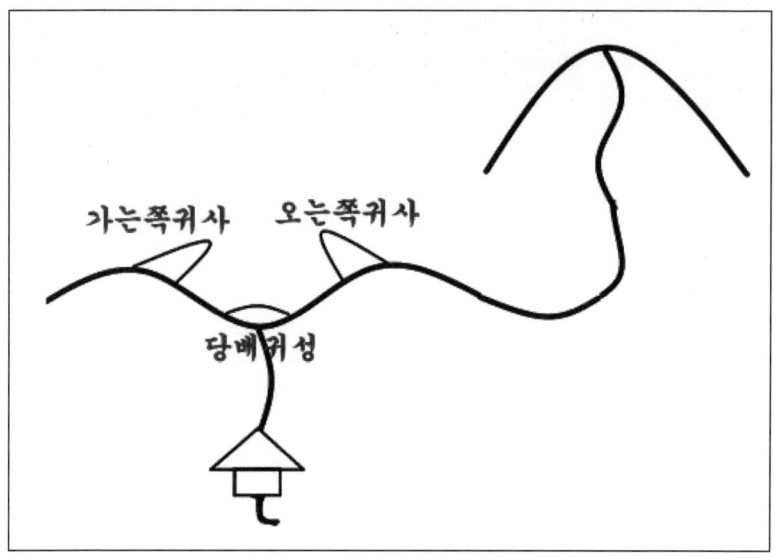

그림100. 경주 교동 최부자집 용맥도

음택을 살피기 위한 기준은 혈증이 되고 양택을 살피기 위한 기준은 양택3간법이 된다. 양택을 살피는 3가지 간법으로는 배산임수(背山臨水), 전저후고(前低後高), 전착후관(前搾後寬)이 있다. 경주 교동 최부자집은 혈자리에 앉아 있을 뿐만 아니라 양택3간법도 모두 갖추고 있다. 음택과 양택을 살피는 데 있어서 여러 가지 차이점이 있다. 음택을 살피는 기준인 혈증의 경우는 자연에서 찾아야 한다. 그러나 양택의 경우는 배산임수도 사람이 찾아서 배치하는 것이고, 전저후고도 3·2·1공법[74]에 의하여 사람이 조치하는 것이고, 전착후관도 대문이나 울타리를 이용하여 사람이 만들어야 한다.

이 집은 양택 3간법을 모두 갖춘 곳이다. 횡락섬룡입수혈로 결지되기 때문에 배산임수를 갖춤으로써 양택의 제1요건을 충족시키기 있다. 집 뒤로 입수룡을 따라 올라가 보면 횡룡으로 낙맥(落脈)할 수 있게 하는 당배귀성과 쌍귀를 확인할 수 있다.

그리고 본체가 3단, 우측 부속 건물이 2단, 좌측 부속 건물이 1단이 된다. 외수(外水)가 좌에서 우로 흐르고 있으므로 전저후고의 제2조건이 충족되고 있다. 전저후고의 조건이 충족됨에 따라 마당

---

74) 집의 중심 건물의 기단은 3단으로 하고 부속 건물의 기단은 2단 혹은 1단으로 처리하는 3·2·1 공법이다. 2단과 1단의 구분은 물이 나가는 곳을 2단으로 하고 유입부는 1단이 된다.

의 물은 역수(逆水)가 되고 있다. 역수가 되면 기가 앞으로 진행 못 하고 멈추게 한다. 아울러 이러한 전저후고의 배치로 인하여 지붕의 높이도 본체가 부속 건물보다 높은 것으로 나타나고 있다. 즉 지붕의 높이도 3·2·1 공법이 적용되고 있다.

그림101. 경주 교동 최부자집 안채

대문(전착)을 통과하여 들어가면 마당(후관)이 되는데 양택의 3번째 조건인 전착후관을 갖추게 된다. 이러한 조건이 충족된 것으로 보아 이 집은 풍수를 고려하여 건축한 것으로 생각된다. 아래의 사진은 경주 교동 최부자집 대문이다. 대문 들어가는 입구는 좁고 들어가서는 넓은 마당이 나오므로 전착후관이 된다.

그림102. 최부자집 대문

　참고로 최부자집은 우선룡으로 마무리하는 곳이다. 만약 좌선룡이 되었다면 용맥이 물을 따라가게 되고, 섬룡입수혈의 조건에도 맞지 않는다. 이 집의 형국을 보면 한자로는 '也(야)'자 형국(백호국세)이다. 우선룡은 술수 상 부(富)와 관련이 되므로 최부자와 잘 어울린다고 볼 수 있다. 경주 교동 최부자집은 횡락섬룡입수혈의 결혈처에 앉아 있을 뿐만 아니라 양택3간법을 모두 갖추고 있으므로 풍수 연구를 하는 데 아주 중요한 답산 장소로 평가된다.

7) 대전 송여익 묘

　대전 송여익[75]의 묘는 대전 동구 마산동에 소재하고 있다. 이 묘지에 대하여 2023년 2월 9일, 2023년 6월 18일 풍수답산하였다. 답산 결과 이 묘지는 결혈조건을 갖추지 못한 비혈지로 판단되었다.

　이 묘지를 비혈지로 판단한 이유는 혈이 결지될 수 없는 요도(橈棹)에 자리하고 있기 때문이다. 요도는 정상적인 기운이 내려오는 것이 아니라 거꾸로 기운을 밀어주는 역할을 한다. 따라서 역기운(逆氣運)이 발생하는 지형에서는 혈증(穴證)인 오악(五嶽)이 생기지 않는다.

---

75) 송여익은 본관이 은진이며, 벼슬길에 나가지 않고 학문에 열중하면서 지역사회에 각종 봉사활동을 하면서 살았다. 가족관계를 살펴보면 증조부는 쌍청당 송유, 조부는 송계사, 부친이 송유년이다. 그리고 아들 송세량, 손자 송구수, 증손 송응기, 현손 송갑조, 5세손 송시열로 가계가 이어진다.

그림103. 대전 송여익 묘 전면

그림104. 대전 송여익 묘 후면

묘지 주변의 지형적 여건을 살펴보면, 용맥이 진행하다가 90도로 꺾어져 결혈하는 횡락섬룡입수혈의 지형과 유사한 형태이다. 횡룡입수혈은 결혈의 기본조건 외에 3가지 추가조건이 충족되면 되지만 횡락섬룡입수혈은 8가지의 추가적인 결혈조건을 갖추어야 한다. 이 8가지 조건이 모두 충족되어야 하므로 한 가지라도 갖추지 못한 경우 비혈지가 된다. 특히 8가지 조건 중에서도 '가는 쪽 귀사'가 붙어 있는지와 이 귀사(또는 귀성)의 형태가 어떻게 생겼냐에 따라 완전히 상황이 달라진다.

그래서 횡락섬룡입수혈에서는 8가지 조건 중에서도 '가는 쪽 귀사'를 중시하고 있다. 왜냐하면 '가는 쪽 귀사'의 힘으로 기운이 다시 되돌려지기 때문이다. 그런데 아래 그림과 같이 귀사의 모양은 안쪽으로 들어와야지 반대로 용맥이 진행하는 방향으로 뒤집혀서는 안 된다. 그렇게 되면 기운을 돌려주지 못하고 그냥 지나가 버리게 된다. 아래 상단의 그림은 들어오는 형태라서 귀사(鬼砂)가 되고 하단의 그림은 나가는 형태라 요도(橈棹)가 된다. 그러므로 이 묘지에서는 '가는 쪽 귀사' 지점의 형태가 안으로 들어오느냐 아니면 나가느냐 따라 결혈 여부가 결정된다. 이 묘지의 '가는 쪽 귀사' 부분을 살펴보면 그 형태가 들어오는 것이 아니라 나가는 형태이다. 그러므로 나머지 횡락섬룡임수혈의 다른 조건의 충족 여부를 따질 필요도 없이 비혈지로 판단하게 된다.

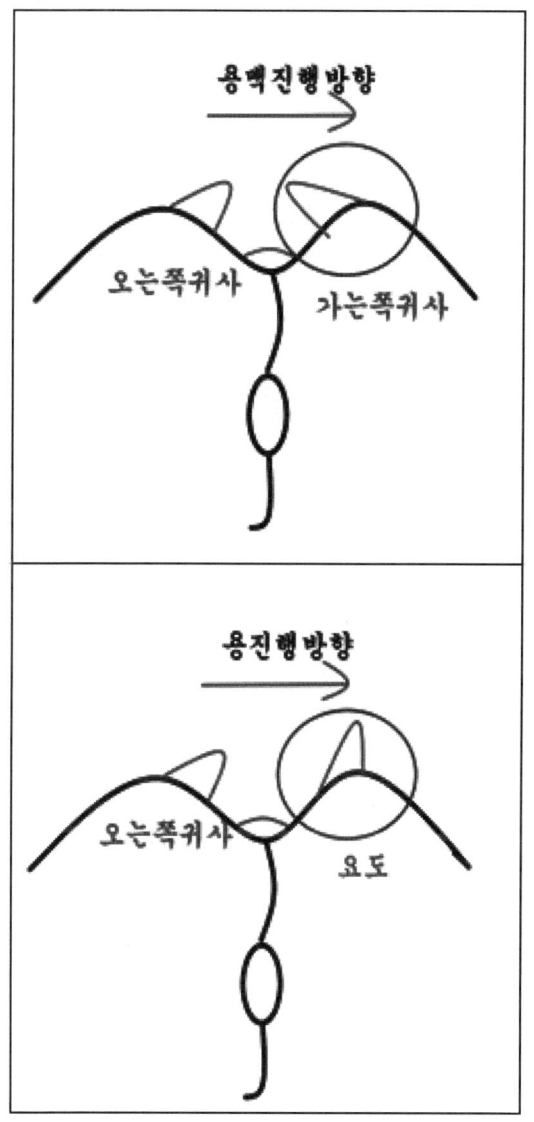

그림105. 귀사와 요도의 형태

 # 횡룡입수혈 제3유형의 풍수답산록

1) 광주 맹사성 묘

　광주 맹사성의 묘는 경기도 광주시 직산동에 소재하고 있다. 이 묘지에 대하여 2017년 7월 18일, 2022년 1월 8일 풍수답산하였다. 답산 결과 이 묘지는 결혈 조건을 갖추지 못한 비혈지로 판단되었다.

　풍수계에서는 맹사성 묘지 하면 으레 횡룡입수혈을 떠올린다. 그에 더하여 횡룡입수혈 조건을 갖추었다는 것을 정당화하기 위하여 쌍귀(雙鬼), 즉 효순귀(孝順鬼)가 붙어 있다고까지 주장하는 것을 볼 수 있다. 그러나 뒤에 귀성(鬼星)이 붙어 있다손 치더라도 묘지와는 상당한 거리가 떨어져 있다. 그러므로 이 귀성이 과연 묘지에 영향을 미칠 수 있는지 의문이 생기지 않을 수 없다. 그보다도 이 자리가 혈이 결지된다면 횡룡입수혈로 이름을 붙여도 되는지 여부이다. 왜냐하면 횡룡입수혈의 정의가 명확하게 정해져 있지

그림106. 광주 맹사성 묘 전면

그림107. 광주 맹사성 묘 후면

않기 때문이다.

맹사성 묘가 횡룡입수혈의 조건이 충족되는지 여부를 살펴보면, 아래의 그림에서 보는 바와 같이 주룡(主龍)은 우선룡으로 그냥 지나가 버리고 횡락하는 요도성(橈棹性)의 방맥(傍脈)은 좌우위이 운동을 하면서 내려간다. 방맥은 일정 절수(3~4절)가 생기면 새로운 기운이 생성되어 주룡으로의 지위를 회복하여 결혈(結穴)이 될 수 있으나 이 묘지의 용맥은 멈추지 않고 우선(右旋)하면서 물 따라 내려가고 있다.

따라서 이 묘지는 횡룡입수혈의 결혈조건을 갖추지 못했다. 또한 횡락섬룡입수혈의 지형과 유사하기는 하나 횡락섬룡임수혈의 결혈조건 역시 갖추지 못했다. 횡룡입수혈이 되었든 횡락섬룡입수혈이 되었든 이 묘지처럼 주룡맥에서 좌우위이 또는 상하운동을 통하여 3~4절 이상의 절수(節數)가 생겨서 주룡맥과 멀어지게 되면 일반 직룡으로 변하게 되므로 혈이 맺혔다고 하여 횡룡입수혈이라고 해서는 안 된다. 혈이 맺힌다면 그냥 직룡입수혈이라는 것이다. 이 묘지가 자리한 곳은 용맥이 좌우위이(左右逶迤) 운동을 하는 맥로(脈路)이기 때문에 비혈지가 된다.

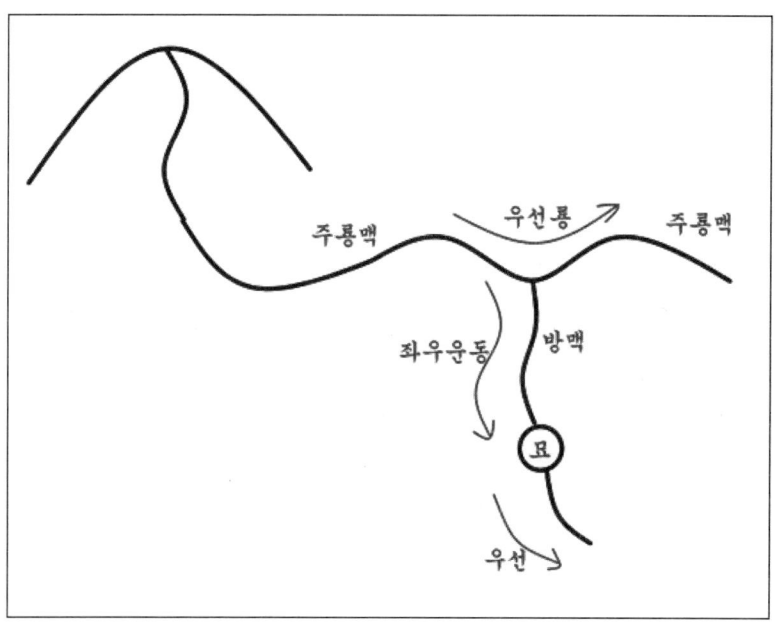

그림108. 광주 맹사성 묘 용맥도

혈이 결지되려면 무조건 용맥이 'J'자 형태를 취하면서 틀어서 마무리되어야 한다. 용맥이 틀어지려면 당연히 편룡(偏龍), 즉 한쪽 힘은 강하고(살이 많이 붙음) 그 반대편은 상대적으로 힘이 약한(급하고 굴이 짐) 형태가 되어야 한다. 묘지 좌우 측에 살이 거의 대등하게 붙어주니까 멈추지 못하고 아래로 내려간다. 보기만 그럴듯하고 끝마무리가 되지 않는다.

아울러 주위 사격(砂格)을 살펴보아도 길(吉)하다고 볼 수 없다. 좌우의 산은 뒤집혀 져서 점차 사이가 멀어지고 있다. 좌우의 산은 두 팔로 안은 것 같은 형태를 취하여야 한다. 주변 사격이 이러함에도 국세(局勢)가 좋다고 한다. 국세가 좋게 보여도 하나하나 뜯어보면 끝마무리가 안 되는 무정한 사격(砂格)이다. 그리고 묘지가 혈이 되어야만 혈 뒤는 현무, 앞은 주작, 좌는 청룡, 우는 백호 등의 사신사(四神砂) 명칭을 붙일 수 있다. 그러나 비혈지는 그저 뒷산, 앞산, 좌산, 우산으로 부를 수밖에 없다. 혈(穴)은 혈증(穴證)으로 보는 것이지 사신사(四神砂)로 보는 것이 아니다. 그러므로 사신사에 속아서는 안 된다.

2) 상주 낙동리 민묘

상주 낙동리 민묘는 경북 상주시 낙동면 낙동리에 소재하고 있다. 이 묘지에 대하여 2016년 5월 8일, 2023년 12월 4일 풍수답산 하였다. 이 묘지는 검찰총장을 지낸 정상명 증조부모 묘로 알려져 있다. 이 묘지는 쌍분으로 조성되어 있는데 답산 결과 쌍분 중에서 좌측의 묘지가 좌선룡으로 틀어서 마무리하는 혈자리로 판단되었다

이 묘지에서 주목할 부분은 용맥이 진행하다가 거의 90도로 틀어서 횡락(橫落)하여 내려오는데 과연 횡룡입수의 조건을 갖추고 있느냐이다. 결론적으로 말하면 이 묘지는 횡룡입수혈의 결혈조건을 갖추지 못하였다. 용맥이 횡락하여 내려온다고 하여 무조건 횡룡입수혈이라고 붙이는 것이 아니라 횡혈이 되려면 일정 조건을 갖추어야 하기 때문이다.

그림109. 상주 낙동리 민묘 전면

그림110. 상주 낙동리 민묘 후면

어떤 자리가 혈이 되기 위해서는 용의 제일 마지막 움직임을 잘 보아야 한다. 용맥의 끝이 한 방향으로 틀어서 멈추어야 혈이 형성되기 때문이다. 이 묘지는 하단부에 전순을 만든 후 뚝 떨어지면서 좌선룡으로 'J' 용맥을 만들면서 마무리된다.

　아래의 사진에서 보는 바와 같이 전순 앞에서 바위로 된 관성(官星) 붙어서 더 이상 기운이 못 내려가게 하고 있다. 관성 바위 아래로 내려가면 용맥의 꼬리가 좌선(左旋)하는 것을 확인할 수 있다. 결혈 여부를 판단하기 위해서는 내룡맥을 확인하기보다는 용맥의 끝을 확인하는 것이 중요하다.

그림111. 상주 낙동리 민묘 관성

용맥이 마무리되는 것을 확인하였다면 그다음은 내룡맥을 직접 밟으면서 어떤 형태로 입수되었는지 살피게 된다. 이 묘지의 입수룡은 서서 오는 입맥(立脈)이 아니라 엎드려 오는 포맥(匍脈)이기 때문에 살피기 쉽지 않다. 그러나 지표면을 자세히 보면 마적(馬跡)처럼 바위 몇 개가 용맥을 따라 박혀있는 것을 볼 수 있다. 마적이 있다는 것은 기운이 내려오는 능선이 있다는 것을 의미한다. 그리고 내룡맥을 타고 약간 더 올라가면 양쪽에 큰 바위가 자리 잡고 있다. 아래의 사진에서 보는 바와 같이 입수룡의 중심선은 두 바위 사이로 내려오며, 좌측의 바위 쪽으로도 맥이 하나 짧게 내려간다.

그림112. 지기가 흐르는 통로

그래서 주룡맥이 진행하면서 묘지가 있는 안쪽으로 작은 맥을 내리는데 현장에서는 이것을 익(翼)이라고 부른다. 익이란 청룡 또는 백호 안에 날개처럼 나온 산줄기, 즉 가지룡이다. 주룡맥이 틀어질 때 안쪽으로 출맥되는 작은 맥도 익이라 부르고 있다. 만약 반대로 주룡맥 안쪽으로 들어오는 것이 아니라 밀어주는 역할을 하게 되면 익이라 아니라 이것은 요도(橈棹)가 된다.

주룡맥에서 거의 90도로 꺾어져 익으로 맥이 들어옴에 따라 기운이 묘지 쪽으로 꺾어져 들어갈 수 있도록 도와주는 귀성(撞背)이 붙어 있다. 용맥이 90도로 방향 전환하여 횡락(橫落)하여 내려가고 꺾어지는 부분에 귀성이 붙어 있으면 통상 횡룡입수혈로 부르고 있다.

그러나 횡룡입수는 용맥이 'J'자 형태로 마무리되는 등의 기본 조건 외에도 3가지 정도의 추가적인 결혈조건이 갖춰져야 한다. 그 조건은 첫째, 용맥이 좌선 또는 우선으로 마무리하면서 가는 쪽 맥이 떨어지며, 둘째, 혈 뒤에 당배귀성이 붙어 있으며, 셋째, 주룡맥 쪽으로 당겨져야 한다. 이 역시 하나라도 충족이 되지 않으면 횡룡입수혈이라고 할 수 없다.

그런데 이 묘지는 아래의 그림에서 보는 바와 같이 귀성이 붙어 있고 가는 맥이 뚝 떨어져 있기는 하나 뒤로 당겨져 있는 것이 아니라 일정 거리를 내려와서 결혈하고 있다. 이런 지형에서는 귀성의 힘을 받을 수 없다. 그러면 횡룡입수혈의 3가지 추가적인 결혈 조건 중에서 당겨져야 한다는 조건에 충족되지 않는다.

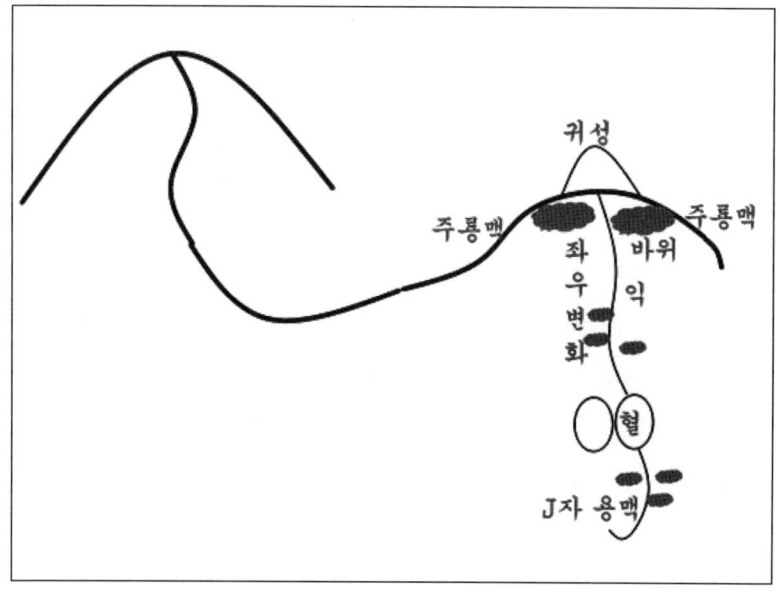

그림113. 상주 낙동리 민묘 용맥도

 이 묘지의 경우 입수룡이 횡락하여 내려오기는 하나 일정 거리를 내려와서 결혈하는 형태이다. 이는 일반적인 직룡입수혈이다. 이 묘지는 귀성의 힘을 받는 것이 아니라 당배(撞背)가 되는 내룡(來龍)의 힘을 받아서 지기가 입력되는 입혈원리를 가진다. 이 묘지의 귀성(鬼星)은 주룡맥에서 가지룡, 즉 익(翼)이 90도 방향 전환을 할 수 있도록 도와주는 역할을 한다.

3) 양평 이준경 묘

양평 이준경의 묘는 양평군 양서면 부용리에 소재하고 있습니다. 이 묘지에 대하여 2017년 7월 18일, 2022년 1월 15일, 풍수답산하였다. 답산 결과 이 묘지는 좌선룡으로 틀어서 마무리하는 혈자리로 판단되었다.

이 묘지의 가장 큰 특징은 용맥이 우선(右旋)하는 'C'자형 곡맥(曲脈)이 급히 꺾으면서 들어오고 있다는 것이다. 거의 90도로 꺾어지기 때문에 횡룡에 가깝다. 그렇지만 이것을 횡룡입수혈이라고는 하지 않는다. 왜냐하면 횡룡입수혈은 결혈의 기본조건 외에 추가적인 결혈조건을 갖추어야 하기 때문이다. 따라서 90도 정도 방향 전환을 한 후 다시 변화 과정을 거치면서 진행하기 때문에 일반적인 형태인 직룡입수혈로 분류된다.

그림114. 양평 이준경 묘 전면

그림115. 양평 이준경 묘 후면

아래의 그림에서 보는 바와 같이 용맥이 진행하다가 갑자기 90도로 우선(右旋)한 후 묘지로 내려온다. 그리고 묘지에 이르러서는 좌선룡으로 틀어서 마무리한다. 주룡맥 자체가 거의 90도 방향 전환을 하는 것은 보기가 쉽지 않다. 경기 광주의 최항 배위 대구 서씨 묘와 부산의 LG 선영 등 몇 군데서 이런 형태를 찾을 수 있다.

이곳 이준경 묘 후룡의 'C'자형 곡맥은 주룡맥이 진행을 하다가 갑자기 맥이 단절되어 절벽을 이루듯이 뚝 떨어지는 형태다. 최항 배위 대구 서씨 묘와 부산의 LG 선영은 맥이 떨어지는 것이 아니라 반대로 머리를 들면서 방향을 전환하는 형태다.

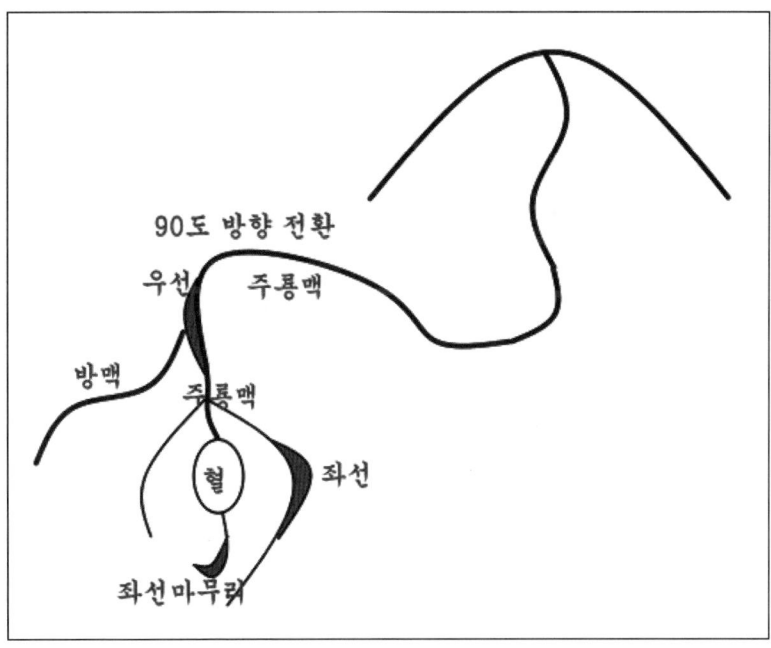

그림116. 양평 이준경 묘 용맥도

제6장

결론

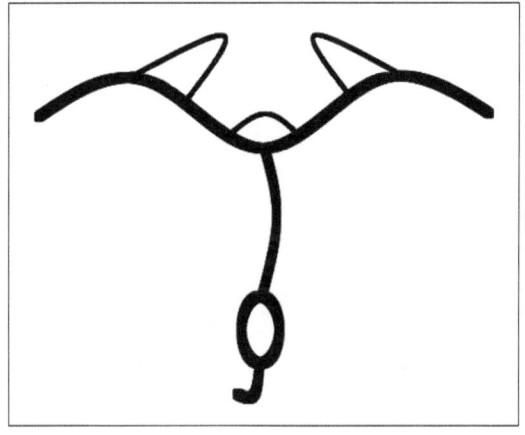

　풍수 고전에서는 내룡이 혈 속으로 들어가려고 하는 곳을 입수라고 말하고 있다. 입수의 종류는 기본적으로 직룡, 횡룡, 회룡, 비룡, 잠룡 5격으로 나누고 있는데 여기에 섬룡입수 1격을 추가하여 총 여섯 종류로 구분하고 있다. 특히 이러한 여섯 가지 입수의 종류 중 횡룡입수혈에 대한 명확한 개념이 정립되어 있지 않다.

　그래서 현재 횡룡으로 입수되는 혈에 대하여 결혈 부분의 위치를 보고 3가지 유형으로 구분하여 풍수적으로 분석해 보았다. 즉 주룡맥에 바로 붙어서 결혈하는 형태를 제1유형, 주룡맥에서 횡락한 후 1절 정도 요도성맥으로 내려오다 갑자기 결혈하는 형태를 제2유형, 그리고 주룡맥이 몇 절의 상하기복 및 좌우위이 변화를 거친 후 결혈되는 형태를 제3유형으로 분류하였다.

　횡룡입수혈의 3가지 유형별 형태를 분석한 결과 각각 결혈조건이 다른 것으로 나타났다. 유형별 결혈조건이 상이함에 따라 주룡맥에서 혈로 기운이 들어가는 지기의 입력 원리 역시 다르다. 제1유형의 경우 첫째, 용맥이 좌선 또는 우선으로 마무리하면서 가는 쪽 맥이 떨어지며, 둘째, 혈 뒤에 당배귀성이 붙어 있으며, 셋째, 주룡맥에 당겨져야 한다는 3가지 결혈 조건을 갖추어야 한다.

횡룡입수혈의 제2유형은 제1유형보다 결혈조건이 더 까다롭고 많은 것으로 나타난다. 이 유형은 결혈의 기본조건 외에도 8가지 정도의 추가적인 결혈조건을 갖추고 있다. 첫째, 들어오는 쪽 용맥의 방향으로 입수룡이 곡맥 형태로 틀어주면서 마무리하여야 하며, 둘째, 당배귀성이 있어야 하며, 셋째, '오는 쪽 귀사'와 '가는 쪽 귀사'가 있어야 하며, 넷째, '가는 쪽 귀사'가 있는 분벽점에서 당배귀성의 분벽점으로 역기운이 들어가면서 용맥이 좌선 또는 우선하게 되며, 다섯째, 당배귀성 분벽점으로부터 내려오는 입수룡은 요도 형태를 띠며, 여섯째, 요도성 입수룡의 하단부는 와혈로 결지되며(예외적으로 겸혈도 나타남), 일곱째, 당배귀성이 붙어 있는 분벽점은 '가는 쪽 귀사'가 붙어 있는 분벽점보다 낮아야 하며, 여덟째, 당배귀성 분벽점으로부터 '가는 쪽 귀사' 분벽점까지의 거리와 혈까지의 거리는 거의 비슷하게 나타나고 있다.

그리고 횡룡입수혈의 제3유형은 횡룡입수혈이라기보다는 횡락한 용이 일정 거리를 좌우위이 또는 상하기복 형태로 변화해 가면서 새로운 기운이 형성되어 주룡의 지위를 확보함에 따라 일반적인 직룡입수의 결혈조건을 갖추고 있다.

횡룡입수의 각 유형별 결혈조건을 고려하여 각 유형의 지기가 혈로 입력되는 입혈원리를 살펴보면, 제1유형은 진행하던 용맥이 좌선 또는 우선하여 마무리하기 때문에 더 이상 용맥을 따라 흐르지 못하고 멈춘 지기를 당배귀성이 뒤에서 쳐주어 횡으로 입혈하는 원리가 된다. 제2유형은 당배귀성과 '가는 쪽 귀사'의 작용에 의하여 횡으로 지기를 입혈시키는 입혈 원리가 된다. 제3유형의 경우는 횡락하여 직룡으로 몇 절의 변화 과정을 거치다가 내룡이 당배로 지기를 입력되는 입혈 원리가 형성된다. 횡룡입수혈의 유형별 결혈조건이나 지기가 입력되는 입혈 원리를 살펴볼 때 땅에도 어떠한 유기체적 질서가 존재한다는 것을 알 수 있다.

이러한 결혈조건과 지기의 입력원리를 근거로 횡룡입수혈의 개념과 용어를 정리하면 제1유형은 진행하던 주룡이 좌선 또는 우선 마무리하여 멈추면서 주룡맥을 베개 삼듯이 혈장이 주룡맥 쪽으로 바로 당겨져서 결혈하는 형태이므로 '횡룡입수혈'로 정의할 수 있다. 제1형이 진정한 의미의 횡룡입수혈로 볼 수 있다. 제2유형은 요도성 맥이 횡으로 낙맥한 후 '가는 쪽 귀사'와 당배귀사의 거리만큼 내려가서 갑자기 결혈하는 형태로 '횡락섬룡입수혈'로 정의할 수 있다. 제3유형은 진행하던 횡으로 낙맥한 후 3~4절 변화 과정을 거쳐 형태로 '횡락직룡입수혈'로 정의할 수 있다. 물론 유형별 개념과 용어는 절대적인 것이 아니며, 달리 표현할 수도 있는데 이러한 부분은 다양한 토론과 연구를 거쳐 정해야 할 과제라 생각된다.

아울러 필자가 연구한 횡룡입수의 결혈조건이나 입혈원리의 신뢰성을 확보하기 위하여 약 10여 년간 전국을 누비면서 찾아낸 횡룡입수혈 관련된 풍수답산록도 소개해 보았다. 특히 횡룡입수혈 제1유형의 경우 13개 중에서 2개를 제외한 11개소가 모두 좌선룡으로 결혈하고 있다. 이에 대하여는 필자도 원인을 밝히지 못하였다. 우선으로 돌아가는 지구의 자전운동과 관련이 있지 않겠느냐는 추정만 할 뿐이다. 이에 관한 추가적인 연구가 필요하다고 본다.

횡룡입수혈의 유형별 분석을 위하여 현장을 답산 한 결과 풍수 고전 등에서 설명하는 내용과 불일치한 면이 적지 않다는 것을 확인하였다. 이는 필자의 주관적인 판단이 전혀 없다고는 할 수 없으나 그동안 배우고 익힌 모든 풍수답산의 기술을 총동원하여 철저히 현장 사례지를 위주로 분석하였다는 점을 말씀드린다.

풍수 고전에서 용이 혈로 입수하는 형태를 직룡, 횡룡, 회룡, 비룡, 잠룡 5격에다 섬룡을 포함하여 6가지 정도로 구분하는데 입수 방법에 대하여도 연구할 부분이 많다. 이 입수 6격의 입수 방법은 '올라가는 산'과 '내려가는 산' 두 가지 형태가 있는데 올라가는 산의 입수로는 잠룡입수와 비룡입수가 있으며, 그 외 직룡입수, 회룡입수, 횡룡입수, 섬룡입수는 '내려가는 산'의 입수방법이다.

그리고 입수룡의 방향성에 따라서도 입수룡 6격을 구분할 수 있다. 현장에서 볼 수 있는 용의 방향성은 3가지로 나눌 수 있는데 첫째, 직룡(종선이나 직선), 둘째, 회룡(곡선), 셋째, 횡룡(횡선)

의 형태이다. 그 외에도 입수룡의 운동성에 따라서도 'S자형'과 'C자형'으로도 나눌 수 있다. 이처럼 용이 혈로 들어가는 입수에 관한 사항만 하더라도 연구할 부분이 산적해 있다. 천리길도 한 걸음부터라고 했는데 먼저 횡룡입수혈과 관련된 결혈조건이라든지 입혈원리를 처음으로 분석해 보았다는 데에 의의가 있다고 본다.

연구의 한계점으로는 첫째, 필자가 유형별로 제시한 사례지에 대하여 혈증이 있다고 전제하였는데 혈증의 존재 여부에 대하여는 다른 주장이 있을 수 있다. 특히 이기론적 또는 형국론적 판단하에서는 이견이 있을 수 있음을 부인하지는 않는다. 그러나 풍수지리에서 기(氣)라는 것은 토(土)로 행하고 그 안에 내재되어 있어서 지표면에 형(形)으로 나타남에 따라 혈증을 판단함에 있어서는 형기론이 기본원칙임을 내세우고 있다. 그래서 형기론적인 입장에서 혈증을 확인하고 연구를 진행하였다. 물론 형기론적으로도 혈증 여부를 두고 이견이 있을 것으로 생각된다.

둘째, 횡룡입수혈에 관한 연구를 통해 유형별 결혈조건을 제시하였으나 이는 절대적인 조건은 아니다. 자연이란 천차만별하여 틀에 박힌 듯 똑같을 수 없다. 다만, 일반적으로 혈이 맺히는 원리가 그렇다는 것이지 경우에 따라서는 결혈조건에 차이점이 나타날 가능성도 있을 수 있다고 본다.

셋째, 일부 지역의 몇 가지 횡룡입수혈과 관련된 사례만을 가지고 풍수적으로 분석한 내용이 인정될 수 있는지 여부에 대하여는 확신을 가질 수 없다. 그렇지만 각종 학설과 이론이 통일되지 않고, 연구 역시 미흡한 현실에서 횡룡입수혈의 결혈조건이나 지기의 입혈 원리를 제시한 점이 성과면 성과라 할 수 있다.

풍수는 경험이 축적된 경험과학이라고 하였다. 횡룡입수혈의 연구는 경험, 즉 현장 실사를 근거로 하여 그 도출된 결과를 이론화시키는 중간 단계 정도로 이해하면 될 거 같다. 앞으로 이 연구의 결과물을 토대로 다른 사례지를 계속 확대하여 유형별로 조건이 부합되는지를 검증해 나가야 한다. 다른 연구자들이 각자 현장에서 조사한 연구 결과를 가지고 상호 비교·분석하는 등 다양하고 많은 경험자료가 축적되면 우리 땅에 맞는 횡룡입수혈의 이론체계가 정립될 것으로 본다.

참고문헌

『撼龍經』

『錦囊經』

『山法全書』

『雪心賦辯訛正解』

『人子須知』

『地理啖蔗錄』

『地理五訣』

『地學』

『靑烏經』

박정해(2015), "풍수 혈의 형상과 이론의 역사적 전개, -문헌고찰을 중심으로-",『한국학연구』, 제55집, 고려대학교 한국학연구소.

손정고(2003),『풍수지리 강의』, 신지서원.

심호 저, 허찬구 역(2011),『地學』, 육일문화사.

양균송 저, 김두규 역(2009),『감룡경 · 의룡경』, 비봉출판사.

이익중(2003),『길한터 흉한터』, 우성출판사.

이익중(2011),『터와 명당』, 우성출판사.

이재영 · 박종을 · 박석조(2014),『8대 명당은 풍수를 훼절하다』, 형설출판사.

이재영(2022),『대통령, 풍수 혈로 말하다』, 책과나무.

정경연(2012),『정통풍수지리』, 평단문화사.

천인호(2012), 『풍수지리학 연구』, 한국학술정보.

한중수(1993), 『명당보감』, 한림원.

허영훈(2024), 『한국지형의 풍수 혈 사상』, 기록연

무라야마지준(村山智順, 1931), 『朝鮮의 風水』, 조선총독부.

허영훈(2018), "횡룡입수의 유형별 결혈 특성 연구", 동방문화와사상 제5집, 동방문화대학원대학교 동양학연구소.

구글지도, https://www.google.co.kr/maps

카카오맵, https://map.kakao.com

백년풍수지리연구소 인터넷 카페, https://cafe.naver.com/acefengshul.

백달풍수연구소, http://blog.naver.com/tklim1

한국참풍수지리학회 인터넷 카페, http://cafe.daum.net/hsfrs/FsM2/2711

실전풍수, 한국의 횡룡입수혈

펴낸날 | 2024년 4월 22일
펴낸이 | 허영훈
펴낸곳 | 기록연

서울 영등포구 여의서로 43, 917호

전화 | (02)784-1110

이메일 | arumse@naver.com

ISBN 979-11-981652-4-4 03380